L'ESP

pour

en

9-(589)-7510

"les dialogues avec l'ange"
Gitta Mallasz

Une âme prisonnière
Birger Sellin

ÉDITIONS
ULYSSE

Le plaisir... de mieux voyager

Recherche et
rédaction
Claude-Victor
Langlois

Traduction
Ana Mercedes Luís

Mise en pages
Isabelle Lalonde
Stéphane G. Marceau

Collaboration
Carlos Soldevila

Correction (espagnol)
Gilberto D'Escoubet
Fernández
Correction (français)
Pierre Daveluy
Pierre Corbeil

Infographie
Steve Rioux

Direction artistique
Patrick Farei
Atoll Direction

Photographie
Page couverture
Élise Berti

Illustrations
Éditions
Québec/Amérique

Direction de
collection
Daniel Desjardins

Direction de projet
Pascale Couture

Distribution

Canada : Distribution Ulysse, 4176, St-Denis, Montréal (Québec), H2W
2M5, ☎ (514) 843-9882, poste 2232, fax : 514-843-9448,
www.ulysse.ca, guiduly@ulysse.ca

États-Unis : Distribooks, 820 N. Ridgeway, Skokie, IL 60076-2911
☎ (847) 676-1596, fax : (847) 676-1195

Belgique-Luxembourg : Vander, 321 Av., des Volontaires, B-1150
Bruxelles, ☎ (02) 762 98 04, fax : (02) 762 06 62

France : Vilo, 25, rue Ginoux, 75737 Paris, Cedex 15,
☎ 01 45 77 08 05, fax : 01 45 79 97 15

Espagne : Altaïr, Balmes 69, E-08007 Barcelona
☎ (3) 323-3062, fax : (3) 451-2559

Italie : Centro cartografico Del Riccio, Via di Soffiano 164/A, 50143
Firenze, ☎ (055) 71 33 33, fax : (055) 71 63 50

Suisse : Diffusion Payot SA, p.a. OLF S.A., Case postale 1061, CH-
1701 Fribourg, ☎ (26) 467 51 11, fax : (26) 467 54 66

Tout autre pays, contactez Distribution Ulysse (Montréal)

© Éditions Ulysse - Tous droits réservés
Bibliothèque nationale du Québec
Dépôt légal - Quatrième trimestre 1997

PRINTED IN CANADA

TABLE DES MATIÈRES

Données de catalogage avant publication (Canada)

Vedette principale au titre

L'Espagnol pour mieux voyager en Amérique

       (Guide de voyage Ulysse)

       Comprend un index.

       Pour les voyageurs francophones

       Textes en français et en espagnol

ISBN 2-89464-067-6

1. Espagnol (langue) - Vocabulaire et manuels de conversation
français. I. Collection

PC4121.E86 1997   468.3'441   C97-940919-5

L'ESPAGNOL EN AMÉRIQUE –
EL ESPAÑOL EN AMÉRICA

L'espagnol qu'on parle en Amérique est appelé «espagnol américain» en ce qu'il diffère de l'espagnol parlé en Espagne. Nous trouverons donc en Amérique des phénomènes linguistiques qui sont propres à cette région; parmi ces phénomènes, les plus importants sont les suivants :

- Le *seseo* : les consonnes *c*, *z* et *s* sont prononcées comme *s*.

- Le *yeísme* : les consonnes *y* et *ll* sont nivelées, donnant un seul son, et se prononcent comme *y* .

- Confusion entre *r* et *l* .

- Certaines consonnes comme le *d* sont muettes en fin de syllabe et le *s* peut être aspiré ou non prononcé :

  [dedo] [deo]
  [desde] [dehde] [dede]
  [pasas] [pasah] [pasa]

- Les **archaïsmes** : des mots qui ne s'utilisent plus en Espagne comme *lindo* pour *hermoso* (beau), *prieto* pour *negro* (noir), etc.

- Les **américanismes** : des mots indigènes, tels que *guagua*, qui peuvent avoir différentes significations selon le pays.

  guagua : autobus (à Cuba), bébé (au Mexique)

- Le ***voseo*** : l'usage systématique du pronom ***vos*** (et des formes verbales correspondantes) dans le traitement de la deuxième personne du singulier : *vos* (*amás*, *temés*, *partís*). Phénomène non généralisé en Amérique, le *voseo* s'utilise surtout en Argentine et en Uruguay.

Phonèmes

/c/   Tout comme en français, le *c* est doux devant *i* et *e* et se prononce alors comme un *s* : *cerro* [serro]. Devant les autres voyelles, il est dur : *carro* [karro]. Le *c* est également dur devant les consonnes, sauf devant le *h* (voir plus bas).

/g/ De même que le *c*, le *g* est doux devant *i* et *e* et s'exprime comme un souffle d'air qui vient du fond de la gorge : *gente* [hente].

Devant les autres voyelles, il est dur : *golf* (se prononce comme en français). Le *g* est également dur devant les consonnes.

/ch/ Se prononce **tch**, comme dans «Tchad» : *leche* [letche]. Jusqu'en 1995, le *ch* était, tout comme le *ll*, une lettre distincte, listée séparément dans les dictionnaires et dans l'annuaire du téléphone.

/h/ Ne se prononce pas : *hora* [ora].

/j/ Se prononce comme le **h sonore de hop.**

/ll/ Se prononce comme le **y** de «yen» : *llamar* [yamar]. Dans certaines régions, par exemple le centre de la Colombie, *ll* se prononce comme le j de «jujube» (Medellín se prononce Medejin). Jusqu'en 1995, il s'agissait d'une lettre, listée séparément dans les dictionnaires et dans l'annuaire de téléphone.

/ñ/ Se prononce comme le **gn** de «beigne» : *señora* [segnora].

9

/r/	Plus roulé et mois guttural qu'en français.
/s/	Se prononce toujours comme le s de «singe» : *casa* [cassa].
/v/	Se prononce comme b : *vino* [bino].
/z/	Se prononce comme s : *paz* [pass].

Voyelles

/e/	Se prononce toujours comme un é : *helado* [elado], sauf lorsqu'il précède deux consonnes, auquel cas il se prononce comme un è : *encontrar* [èncontrar].
/u/	Se prononce toujours comme ou : *cuenta* [couenta].
/y/	Se prononce généralement comme un i : *y* (i), mais cette consonne peut avoir un autre son comme dans «yen» : *playa* [playa].

Toutes les autres lettres se prononcent comme en français.

Symboles de l'alphabet phonétique

Signe	Représentation orthographique		Transcription phonétique
p	p	*par*	[pár]
b	b	*bar*	[bár]
	v	*vino*	[bino]
t	t	*té*	[té]
d	d	*dar*	[dár]
k	c	*cama*	[káma]
	k	*kilo*	[kilo]
	qu	*aquí*	[akí]
g	g	*gana*	[gána]
f	f	*fin*	[fín]
s	s	*sol*	[sól]
	c	*cinco*	[sínko]
	z	*izquierda*	[iskyérda]
h	j	*mujer*	[mouher]
h	g	*gente*	[hente]
tch	ch	*chico*	[tchíko]
m	m	*mamá*	[mamá]
n	n	*no*	[nó]
gn	ñ	*caña*	[kágna]
l	l	*lado*	[ládo]
r	r	*pero*	[péro]
r̲	rr	*perro*	[pér̲o]

11

Signe	Représentation orthographique		Transcriprion phonétique
a	a	*está*	[está]
e	e	*té*	[té]
i	i	*sí*	[sí]
o	o	*no*	[nó]
ou	u	*tú*	[toú]
w	u	*cuatro*	[kwátro]
y	y	*ayer*	[ayér]
	ll	*calle*	[kaye]
	i	*aire*	[áyre]
i̱	y	hay	[ái̱]

: signifie que le son de la voyelle s'allonge.

Accent tonique

L'accent **tonique espagnol** est de type **lexical**, c'est-à-dire que le mot conserve toujours le même accent quelle que soit sa place dans la phrase, alors qu'en français le mot perd son accent au profit du groupe de mots (accent **syntaxique**).

En espagnol, chaque mot comporte une syllabe plus accentuée, «l'**accent tonique**», qui est très important, s'avérant souvent nécessaire pour la compréhension de vos interlocuteurs. Si, dans un mot, une voyelle porte un accent aigu (le seul accent orthographique utilisé en espagnol), c'est cette syllabe qui doit être accentuée, car, en cas contraire, on peut changer la signification du mot ou exprimer un temps de verbe différent comme dans les cas suivants :

canta**rá**	*(futur)*
can**ta**ra	*(subjonctif)*
cántara	*(nom)*
calcu**ló**	*(passé simple)*
cal**cu**lo	*(présent)*
cálculo	*(nom)*
deposi**tó**	*(passé simple)*

deposito	(présent)
depósito	(nom)

S'il n'y a pas d'accent sur le mot, il faut suivre la simple règle qui consiste à accentuer l'avant-dernière syllabe de tout mot qui se termine par une voyelle :

amigo, casa, barco.

On doit accentuer la dernière syllabe de tout mot qui se termine par une consonne sauf *s* (pluriel des noms et adjectifs) ou *n* (pluriel des verbes) : *amigos, hablan.*

alcohol, mentol, azul, nariz, correr, usted, estoy, reloj

Quelques conseils

Lisez à haute voix.

Écoutez des chansons du pays en essayant de comprendre certains mots.

Faites des associations d'idées pour mieux retenir les mots et le système linguistique. Ainsi, en espagnol, retenez qu'une terminaison en *o* désigne presque toujours un mot masculin, tandis que les terminaisons en *a* sont généralement réservées aux mots féminins. À titre d'exemple, le prénom «Julio» (Julio Iglesias) est masculin alors que «Gloria» (Gloria Estefan) est féminin.

Faites aussi des liens entre le français et l'espagnol. Par exemple, «dernier» se dit *último* en espagnol, un terme voisin d'«ultime» en français. Dans le même ordre d'idées, «excusez-moi» se traduit par *excúseme*, *disculpe*, *perdone*, alors qu'on dit également en français «se disculper».

Essayez par ailleurs de déduire par vous-même les dérivés de certains mots courants tels que *lento* et *lentamente* pour «lent» et «lentement». Vous élargirez ainsi plus rapidement votre vocabulaire.

GRAMMAIRE

Le féminin et le masculin

En espagnol, les mots masculins se terminent souvent par *o* et les mots féminins par *a*. Par exemple :

> *La luna*. La lune.
> *El castillo*. Le château.

Cependant, il y a des exceptions. Par exemple :

El sol. Le soleil.
El corazón. Le cœur.
La mujer. La femme. ➡ (ḥop)
La calle. La rue.

Élimination du pronom personel

En espagnol, le pronom personnel est généralement omis.
Ainsi, pour dire «je voyage beaucoup», on ne dit pas *yo viajo mucho*, mais plutôt *viajo mucho*. Aussi, pour dire «tu viens avec moi», on ne dit pas *tu vienes conmigo*, mais plutôt *vienes conmigo*. Par exemple :

Voy a la playa. Je vais à la plage.
Andamos juntos. Nous marchons ensemble.

La négation

L'usage de la négation est très simple en espagnol. Il suffit de mettre **no** devant le verbe. Par exemple :

No voy a la playa. Je ne vais pas à la plage.
No come carne. Il ne mange pas de viande.
¿No vienes conmigo? Ne viens-tu pas avec moi?

Dans la négation, l'utilisation du pronom personnel est cependant plus fréquente et sert à mettre l'emphase sur la personne. Il faut alors placer *no* entre le pronom personel et le verbe. Par exemple :

Tú no vas a la discoteca. Tu ne vas pas à la discothèque.
Yo no quiero verte. Je ne veux pas te voir.

L'article partitif

L'article partitif «du» et son pluriel «des» n'existent pas en espagnol. Par exemple :

Comemos pan. Nous mangeons du pain.
Compro ropa. J'achète des vêtements.

L'article défini

L'article défini est utilisé comme en français, soit devant le mot qu'il désigne. La seule différence est qu'au pluriel l'article défini s'accorde en genre. Par exemple :

Au féminin pluriel :
Las flores. Les fleurs.
Las bibliotecas. Les bibliothèques.

Au masculin pluriel :
Los árboles. Les arbres.
Los libros. Les livres.

De plus, *el* est équivalent de «le» en français (masculin singulier). Par exemple :

El perro. Le chien.
El gato. Le chat.

La est l'équivalent de «la» en français (féminin singulier). Par exemple :

La playa. La plage.

L'article indéfini

L'article indéfini s'utilise comme en français au singulier. Cependant, l'article indéfini s'accorde en genre au pluriel. Par exemple :

Au féminin pluriel :
Unas amigas. Des amies.
Unas mesas. Des tables.

Au masculin pluriel :
Unos amigos. Des amis.
Unos vasos. Des verres.

Au singulier, l'article indéfini masculin est *un*, comme en français. Par exemple :
Un amigo. Un ami.

Au singulier, l'article indéfini féminin est *una*. Par exemple :
Una casa. Une maison.

Le pronom sujet

En français, la forme polie pour s'adresser à une ou plusieurs personnes consiste à remplacer le «tu» par le «vous». En espagnol, vous n'avez qu'à employer la troisième personne, tant au singulier qu'au pluriel.

Ainsi, si vous vous adressez à une seule personne, utilisez la troisième personne du singulier : *usted*.

Usted es muy buen guía. Vous êtes un très bon guide.

¿Tiene usted una habitación libre? Avez-vous une chambre libre?

Si vous vous adressez à plusieurs personnes à la fois, utilisez la troisième personne du pluriel : *ustedes*. En Amérique latine, la forme polie a carrément remplacé l'utilisation de la deuxième personne du pluriel. Ainsi, *vosotros* (vous) n'est pratiquement jamais employé, au profit de *ustedes* (ils).

Ustedes son muy amables. Vous êtes très aimables.

¿Saben ustedes quién es el chofer ? Savez-vous qui est le chauffeur?

	Singular	plural	singulier	pluriel
1ᵉ pers.	*yo*	*nosotros,-as*	je	nous
2ᵉ pers.	*tú*	(*vosotros,-as*)	tu	vous
3ᵉ pers.	*él*	*ellos*	il	ils
	ella	*ellas*	elle	elles
Ud. (us**ted**)		Uds. (us**tedes**)		

L'impératif

Si vous connaissez le présent de l'indicatif des verbes réguliers, vous pourrez donner des ordres sans peine.

L'impératif en espagnol n'est ainsi que la troisième personne de l'indicatif présent. Par exemple :

*Por favor **sube** mis maletas a la habitación*. S'il te plaît, monte mes valises à la chambre.
***Cierra** la puerta*. Ferme la porte.

Si vous utilisez la forme polie, avec *usted*, il faut changer la terminaison du verbe régulier à l'infinitif par :

GRAMMAIRE

verbes en *ar* : *e*

verbes en *ir* et *er* : *a*

Par exemple :
*Por favor, sub**a** usted mis maletas* (*subir* : *sub**a***).
Compre un billete para mi, por favor (*compr**ar** : compr**e***).
Achetez-moi un billet, s'il vous plaît.

Si vous avez à donner des ordres à plusieurs personnes, vous devez remplacer la terminaison du verbe régulier à l'infinitif par :

verbes en *ar* : *en*

verbes en *ir* et *er* : *an*

Par exemple :
*Por favor, **suban** mis maletas* (*subir* : *sub**an***).
Hablen** más despacio* (*habl**ar** : habl**en). Parlez plus lentement.

Le passé simple

Contrairement au français, le passé simple est utilisé fréquemment dans la langue parlée. Ainsi, pour toute action qui s'est déroulée dans une période de temps passée, il faut utiliser le passé simple. Par exemple :

Ayer, fuimos al museo. Hier nous fûmes au musée.
El año pasado gané mucho dinero. L'an passé, je gagnai beaucoup d'argent.

Le passé composé est employé lorsque la période de temps à laquelle on se réfère ne s'est pas encore écoulée. Par exemple :

Hoy hemos ido al museo. Aujourd'hui, nous sommes allés au musée.
Este año he ganado mucho dinero. Cette année, j'ai gagné beaucoup d'argent.

Les verbes

Il y a, en espagnol comme en français, trois groupes de verbes qui se distinguent d'après les terminaisons de l'infinitif qui sont -*ar*, -*er* et -*ir*.

1er groupe (verbes en -ar)

aimer – *am-ar*

Infinitif – *Infinitivo*

Simple	*Simple*	Composé	*Compuesto*
aimer	*am-ar*	avoir aimé	*haber amado*

Participe – *Participio*

Présent	*Presente*	Passé	*Pasado*
aimant	*amando*	aimé-ée	*amado*
		ayant aimé	*habiendo amado*

Indicatif – *Indicativo*

Présent	*Presente*	Passé composé	*Pasado compuesto*
aime	*amo*	ai aimé	*he amado*
aimes	*amas*	as aimé	*has amado*
aime	*ama*	a aimé	*ha amado*
aimons	*amamos*	avons aimé	*hemos amado*
aimez	*amáis*	avez aimé	*habéis amado*
aiment	*aman*	ont aimé	*han amado*

GRAMMAIRE

Imparfait	*Imperfecto*	Plus-que-parfait	*Pluscuam-perfecto*
aimais	*amaba*	avais aimé	*había amado*
aimais	*amabas*	avais aimé	*habías amado*
aimait	*amaba*	avait aimé	*había amado*
aimions	*amábamos*	avions aimé	*habíamos amado*
aimiez	*amabais*	aviez aimé	*habíais amado*
aimaient	*amaban*	avaient aimé	*habían amado*

Passé simple	*Pasado simple*	Futur simple	*Futuro*
aimai	*amé*	aimerai	*amaré*
aimas	*amaste*	aimeras	*amarás*
aima	*amó*	aimera	*amará*
aimâmes	*amamos*	aimerons	*amaremos*
aimâtes	*amasteis*	aimerez	*amaréis*
aimèrent	*amaron*	aimeront	*amarán*

2e groupe (verbes en -er)

craindre – *tem-er*

Infinitif – *Infinitivo*

Simple	*Simple*	Composé	*Compuesto*
craindre	*temer*	avoir craint	*haber temido*

24

Participe – *Participio*

Présent	*Présente*	Passé	*Pasado*
craignant	*temiendo*	craint-ainte	*temido*
		ayant craint	*habiendo temido*

Indicatif – *Indicativo*

Présent	*Presente*	Passé composé	*Pasado compuesto*
crains	*temo*	ai craint	*he temido*
crains	*temes*	as craint	*has temido*
craint	*teme*	a craint	*ha temido*
craignons	*tememos*	avons craint	*hemos temido*
craignez	*teméis*	avez craint	*habéis temido*
craignent	*temen*	ont craint	*han temido*

Imparfait	*Imperfecto*	Plus-que-parfait	*Pluscuamperfecto*
craignais	*temía*	avais craint	*había temido*
craignais	*temías*	avais craint	*habías temido*
craignait	*temía*	avait craint	*había temido*
craignions	*temíamos*	avions craint	*habíamos temido*
craigniez	*temíais*	aviez craint	*habíais temido*
craignaient	*temían*	avaient craint	*habían temido*

Passé simple	*Pasado simple*	Futur simple	*Futuro*
craignis	*temí*	craindrai	*temeré*
craignis	*temiste*	craindras	*temerás*
craignit	*temió*	craindra	*temerá*
craignîmes	*temimos*	craindrons	*temeremos*
craignîtes	*temisteis*	craindrez	*temeréis*
craignirent	*temieron*	craindront	*temerán*

3e groupe (verbes en -*ir*)

Partir – *partir*

Infinitif – *Infinitivo*

Simple	*Simple*	Composé	*Compuesto*
partir	*partir*	être parti	*haber partido*

Participe – *Participio*

Présent	*Présente*	Passé	*Pasado*
partant	*partiendo*	parti-ie	*partido*
		étant parti	*habiendo partido*

Indicatif – *Indicativo*

Présent	*Presente*	Passé composé	Pasado compuesto
pars	*parto*	suis parti	he partido
pars	*partes*	es parti	has partido
part	*parte*	est parti	ha partido
partons	*partimos*	sommes partis	hemos partido
partez	*partís*	êtes partis	habéis partido
partent	*parten*	sont partis	han partido

Imparfait	*Imperfecto*	Plus-que-parfait	*Pluscuam-perfecto*
partais	*partía*	étais parti	*había partido*
partais	*partías*	étais parti	*habías partido*
partait	*partía*	était parti	*había partido*
partions	*partíamos*	étions partis	*habíamos partido*
partiez	*partíais*	étiez partis	*habíais partido*
partaient	*partían*	étaient partis	*habían partido*

Passé simple	*Pasado simple*	Futur simple	*Futuro*
partis	*partí*	partirai	*partiré*
partis	*partiste*	partiras	*partirás*
partit	*partió*	partira	*partirá*
partîmes	*partimos*	partirons	*partiremos*
partîtes	*partisteis*	partirez	*partiréis*
partirent	*partieron*	partiront	*partirán*

GRAMMAIRE

Le verbe «être»

En espagnol, le verbe «être» s'exprime par deux verbes irréguliers : **ser** et **estar**.

Ser indique d'une manière générale un état permanent. Plus spécifiquement :

a) l'occupation

| Je suis touriste. | *Yo soy turista.* | [yo só<u>i</u> turísta] |

b) la couleur

| Le pantalon est noir. | *El pantalón es negro.* | [el pantalón es négro] |

c) la qualité

| La piscine est petite. | *La piscina es pequeña.* | [la pisína es pekégna] |

d) la possession

| C'est le passeport de María. | *El pasaporte es de María.* | [el pasapórté: es de maría] |

e) l'origine

| Tu es (né) au Chili. | *Tú eres de Chile.* | [tú éres de tchíle] |

28

f) la nationalité

Lola est espagnole.	*Lola es española.*	[lóla es espagnóla]

g) la matière

La boîte est en cuir.	*La caja es de piel.*	[la káha es de pjél]

Estar indique d'une manière générale un état temporaire; sert à localiser les personnes ou les objets et à décrire les états ponctuels.

a) Je suis (vais) bien.	*Estoy bien.*	[estói bjén]

b) La Havane est (se trouve) à Cuba.	*La Habana está en Cuba.*	[la:bána está en kúba]

être – *ser*

Infinitif – *Infinitivo*

Simple	*Simple*	Composé	*Compuesto*
être	*ser*	avoir été	*haber sido*

Participe – *Participio*

Présent	*Presente*	Passé	*Pasado*
étant	*siendo*	été	*sido*
		ayant été	*habiendo sido*

Indicatif – *Indicativo*

Présent	*Presente*	Passé composé	*Pasado compuesto*
suis	*soy*	ai été	*he sido*
es	*eres*	as été	*has sido*
est	*es*	a été	*ha sido*
sommes	*somos*	avons été	*hemos sido*
êtes	*sois*	avez été	*habéis sido*
sont	*son*	ont été	*han sido*

Imparfait	*Imperfecto*	Plus-que-parfait	*Pluscuamperfecto*
étais	*era*	avais été	*había sido*
étais	*eras*	avais été	*habías sido*
était	*era*	avait été	*había sido*
étions	*éramos*	avions été	*habíamos sido*
étiez	*erais*	aviez été	*habíais sido*
étaient	*eran*	avaient été	*habían sido*

Passé simple	*Pasado simple*	Futur simple	*Futuro*
fus	*fui*	serai	*seré*
fus	*fuiste*	seras	*serás*
fut	*fue*	sera	*será*
fûmes	*fuimos*	serons	*seremos*
fûtes	*fuisteis*	serez	*seréis*
furent	*fueron*	seront	*serán*

être – *estar*

Infinitif – *Infinitivo*

Simple	*Simple*	Composé	*Compuesto*
être	*estar*	avoir été	*haber estado*

Participe – *Participio*

Présent	*Presente*	Passé	*Pasado*
étant	*estando*	été	*estado*
		ayant été	*habiendo estado*

Indicatif – *Indicativo*

Présent	*Presente*	Passé composé	*Pasado compuesto*
suis	*estoy*	ai été	*he estado*
es	*estás*	as été	*has estado*
est	*está*	a été	*ha estado*
sommes	*estamos*	avons été	*hemos estado*
êtes	*estáis*	avez été	*habéis estado*
sont	*están*	ont été	*han estado*

Imparfait	*Imperfecto*	Plus-que-parfait	*Pluscuam-perfecto*
étais	*estaba*	avais été	*había estado*
étais	*estabas*	avais été	*habías estado*
était	*estaba*	avait été	*había estado*
étions	*estábamos*	avions été	*habíamos estado*
étiez	*estabais*	aviez été	*habíais estado*
étaient	*estaban*	avaient été	*habían estado*

Passé simple	*Pasado simple*	Futur simple	*Futuro*
fus	*estuve*	serai	*estaré*
fus	*estuviste*	seras	*estarás*
fut	*estuvo*	sera	*estará*
fûmes	*estuvimos*	serons	*estaremos*
fûrent	*estuvisteis*	serez	*estaréis*
furent	*estuvieron*	seront	*estarán*

Le verbe «avoir»

L'équivalent d'«**avoir**» en espagnol est le verbe irrégulier *tener*; on le conjugue comme suit :

avoir – *tener*

Infinitif – *Infinitivo*

Simple	*Simple*	Composé	*Compuesto*
avoir	*tener*	avoir eu	*haber tenido*

Participe – *Participio*

Présent	*Presente*	Passé	*Pasado*
ayant	*teniendo*	eu-eue	*tenido*
		ayant eu	*habiendo tenido*

Indicatif – *Indicativo*

Présent	*Presente*	Passé composé	*Pasado compuesto*
ai	*tengo*	ai eu	*he tenido*
as	*tienes*	as eu	*has tenido*
a	*tiene*	a eu	*ha tenido*
avons	*tenemos*	avons eu	*hemos tenido*
avez	*tenéis*	avez eu	*habéis tenido*
ont	*tienen*	ont eu	*han tenido*

Imparfait	*Imperfecto*	Plus-que-parfait	*Pluscuam-perfecto*
avais	*tenía*	avais eu	*había tenido*
avais	*tenías*	avais eu	*habías tenido*
avait	*tenía*	avait eu	*había tenido*
avions	*teníamos*	avions eu	*habíamos tenido*
aviez	*teníais*	aviez eu	*habíais tenido*
avaient	*tenían*	avaient eu	*habían tenido*

Passé simple	*Pasado simple*	Futur simple	*Futuro*
eus	*tuve*	aurai	*tendré*
eus	*tuviste*	auras	*tendrás*
eut	*tuvo*	aura	*tendrá*
eûmes	*tuvimos*	aurons	*tendremos*
eûtes	*tuvisteis*	aurez	*tendréis*
eurent	*tuvieron*	auront	*tendrán*

D'autres verbes – *Otros verbos*

Infinitif (1re personne)

ouvrir	*abrir*	[abrír]
aller	*ir*	[ir]
venir	*venir*	[benír]
donner	*dar*	[dar]

34

pouvoir	*poder*	[podér]
vouloir	*querer*	[kerér]
parler	*hablar*	[ablár]
manger	*comer*	[komér]

Présent de l'indicatif (1ʳᵉ personne)

ouvre	*abro*	[ábro]
vais	*voy*	[bói]
viens	*vengo*	[béngo]
donne	*doy*	[dói]
peux	*puedo*	[pwédo]
veux	*quiero*	[kjéro]
parle	*hablo*	[áblo]
mange	*como*	[kómo]

Imparfait (1ʳᵉ personne)

ouvrais	*abría*	[abría]
allais	*iba*	[íba]
venais	*venía*	[benía]
donnais	*daba*	[dába]
pouvais	*podía*	[podía]
voulais	*quería*	[kería]

| parlais | *hablaba* | [ablába] |
| mangeais | *comía* | [komía] |

Futur (1re personne)

ouvrirai	*abriré*	[abriré]
irai	*iré*	[iré]
viendrai	*vendré*	[bendré]
donnerai	*daré*	[daré]
pourrai	*podré*	[podré]
voudrai	*querré*	[keré]
parlerai	*hablaré*	[ablaré]
mangerai	*comeré*	[komeré]

MOTS ET EXPRESSIONS USUELS – *PALABRAS Y EXPRESIONES USUALES*

Oui	*Sí*	[sí]
Non	*no*	[no]
Peut-être	*puede ser*	[pwéde ser]
Excusez-moi	*perdone*	[perdóne]
Bonjour (forme familière)	*¡hola!*	[óla]
Bonjour (le matin)	*buenos días*	[bwénos días]
Bonjour (après-midi)	*buenas tardes*	[bwénas tárdes]
Bonsoir	*buenas tardes*	[bwénas tárdes]

36

Français	Español	Prononciation
Bonne nuit	*buenas noches*	[bwénas nótches]
Salut	*¡Adios!*	[adyós]
Au revoir	*hasta la vista*	[ásta la vísta]
	hasta luego	[ásta louégo]
Merci	*gracias*	[grásyas]
Merci beaucoup	*muchas gracias*	[mútchas grásyas]
S'il vous plaît	*por favor*	[por fabor]
Je vous en prie (il n'y a pas de quoi, de rien)	*de nada, por nada*	[de náda | por náda]
Comment allez-vous?	*¿Cómo está Ud?, ¿Qué tal?*	[kúmo está ousté | ke tál]
Très bien, et vous?	*Muy bien, ¿y usted?*	[mwí byén | i ousté]
Très bien, merci	*Muy bien, gracias*	[mwí byén | grásyas]
Où se trouve...?	*¿Dónde se encuentra...?*	[dónde se:nkwéntra]
Où se trouve l'hôtel...?	*¿Dónde se encuentra el hotel...?*	[dónde se:nkwéntra el otél]
Est-ce qu'il y a...?	*¿Hay...?*	[ái]
Est-ce qu'il y a une piscine?	*¿Hay una piscina?*	[ái oúna pisína]
Est-ce loin d'ici?	*¿Está lejos de aquí?*	[está léhos de akí]
Est-ce près d'ici?	*¿Está cerca de aquí?*	[está sérka de akí]
ici	*aquí*	[akí]
là	*ahí*	[aí]

à droite	*a la derecha*	[a la derétcha]
à gauche	*a la izquierda*	[a la iskyérda]
tout droit	*derecho, derechito*	[derétcho | deretchíto]
avec	*con*	[kón]
sans	*sin*	[sín]
beaucoup	*mucho*	[moútcho]
peu	*poco*	[póko]
souvent	*a menudo*	[a menoúdo]
de temps à autre	*de tiempo en tiempo*	[de tyémpo en tyémpo]
quand	*cuando*	[kwándo]
très	*muy*	[mwí]
aussi	*también*	[tambyén]
dessus (sur, au-dessus de)	*encima (sobre, por encima de)*	[ensíma (sóbre | por ensíma de]
dessous (sous, en dessous de)	*debajo (bajo, por debajo de)*	[debáho (báho | por debáho de]
en haut	*arriba*	[aríba]
en bas	*abajo*	[abáho]

Excusez-moi, je ne comprends pas
discúlpeme, no comprendo
[discúlpeme no kompréndo]

Pouvez-vous parler plus lentement, s'il vous plaît?
¿Puede usted hablar más lentamente, por favor?
[pwéde ousté ablár más léntaménte por fabór]

Pouvez-vous répéter, s'il vous plaît?
¿Puede usted repetir, por favor?
[pwéde ousté repetír |por fabór]

Parlez-vous français?
¿Habla usted francés?
[ábla ousté fransés]

Je ne parle pas l'espagnol
Yo no hablo español
[yo no áblo espagnól]

Y a-t-il quelqu'un ici qui parle français?
¿Hay alguien aquí que hable francés?
[ayálgyen akí ke áble fransés]

Y a-t-il quelqu'un ici qui parle anglais?
¿Hay alguien aquí que hable inglés?
[ayálgyen akí ke áble inglés]

Est-ce que vous pouvez me l'écrire?
¿Puede usted escribírmelo?
[pwéde ousté eskribírmelo]

Qu'est-ce que cela veux dire?
¿Qué quiere decir eso?
[ke kyére desír éso]

Que veut dire le mot...?
¿Qué quiere decir la palabra...?
[ke kyére desír la palábra...]

Je comprends
Comprendo
[kompréndo]

Je ne comprends pas
Yo no comprendo
[yo no kompréndo]

Vous comprenez?
¿Comprende usted?
[komp+énde ousté]

En français, on dit...
En francés se dice...
[en fransés se díse]

En anglais, on dit...
En inglés se dice...
[en inglés se díse]

Pouvez-vous me l'indiquer dans le livre?
¿Puede usted indicármelo en el libro?
[pwéde ousté indikármelo en el líbro]

Puis-je avoir...?
¿Puedo tener...?
[pwédo tenér...]

Je voudrais avoir...
Desearía tener...
[desearía]

Je ne sais pas
Yo no sé
[yo no sé]

NOMBRES – *NÚMEROS*

un	*uno, una*	[oúno	oúna]
deux	*dos*	[dós]
trois	*tres*	[trés]
quatre	*cuatro*	[kwátro]
cinq	*cinco*	[sínko]
six	*seis*	[séys]
sept	*siete*	[syéte]
huit	*ocho*	[ótcho]
neuf	*nueve*	[nwébe]
dix	*diez*	[dyés]
onze	*once*	[ónse]
douze	*doce*	[dóse]

41

...e	*trece*	[trése]
quatorze	*catorce*	[katórse]
quinze	*quince*	[kínse]
seize	*dieciséis*	[dyesiséys]
dix-sept	*diecisiete*	[dyesisyéte
dix-huit	*dieciocho*	[dyesyótcho]
dix-neuf	*diecinueve*	[dyesinwébe]
vingt	*veinte*	[béynte]
vingt et un	*veintiuno*	[beyntyúno]
vingt-deux	*veintidós*	[beyntidós]
trente	*treinta*	[tréynta]
trente et un	*treinta y uno*	[treyntayoúno]
trente-deux	*treinta y dos*	[treyntaidós]
quarante	*cuarenta*	[kwarénta]
quarante et un	*cuarenta y uno*	[kwarentaiúno]
cinquante	*cincuenta*	[sinkwénta]
soixante	*sesenta*	[sesénta]
soixante-dix	*setenta*	[seténta]
quatre-vingt	*ochenta*	[otchénta]
quatre-vingt-dix	*noventa*	[nobénta]
cent	*cien / ciento*	[syén|syénto]
deux cents	*doscientos*	[dosyéntos]
deux cent quarante-deux	*doscientos cuarenta y dos*	[dosyéntos | kwarentaidos]
cinq cents	*quinientos*	[kinyéntos]
mille	*mil*	[míl]
dix mille	*diez mil*	[dyés míl]

| un million | *un millón* | [oun miyón] |

Pour «**trente**» et «**quarante**», comme on peut voir ci-dessus, et les autres nombres jusqu'à quatre-vingt-dix, on doit ajouter au nombre en question (*y + uno, dos, tres*, etc.). À partir de «**cent**», c'est comme en français.

```
┌─────────────────────────────┐
│   L'HEURE ET LE TEMPS –      │
│     HORA Y TIEMPO            │
└─────────────────────────────┘
```

Quelle heure est-il?	*¿Qué hora es ?*	[ke óra es]
Il est une heure	*Es la una*	[es la oúna]
Il est deux heures	*Son las dos*	[són las dós]
trois heures et demie	*tres y media*	[tresimédya]
quatre heures et quart	*cuatro y cuarto*	[kwátro i kwarto]
cinq heures moins le quart	*cinco menos cuarto*	[sínko ménos kwárto]
six heures et cinq	*seis y cinco*	[séisi sínko
sept heures moins dix	*siete menos diez*	[syéte ménos dyés]
Dans un quart d'heure	*En un cuarto de hora*	[en oún kwárto de óra]
Dans une demi-heure	*En media hora*	[en médya óra]
Dans une heure	*En una hora*	[en oúna óra]

43

Dans un instant	*En un instante, En un momento*	[en oun istánte | en oun moménto]
Un instant, s'il vous plaît	*Un momento, por favor*	[oun moménto | por fabór]
Quand?	*¿Cuándo?*	[kwándo]
Tout de suite	*Enseguida*	[ensegída]
Maintenant	*Ahora*	[aóra]
Ensuite	*Después*	[despwés]
Plus tard	*Más tarde*	[más tárde]
Je reviendrai dans une heure	*Volveré en una hora*	[bolberé:n oúna óra]
dimanche	*domingo*	[domíngo]
lundi	*lunes*	[loúnes]
mardi	*martes*	[mártes]
mercredi	*miércoles*	[myérkoles]
jeudi	*jueves*	[hwébes]
vendredi	*viernes*	[byérnes]
samedi	*sábado*	[sábado]
jour	*día*	[día]
nuit	*noche*	[nótche]
matin	*mañana*	[magnána]
après-midi	*después del mediodía*	[despwés del médio día]
soir	*tarde*	[tárde]
aujourd'hui	*hoy*	[ói]

44

ce matin	*esta mañana*	[ésta magnana]
cet après-midi	*esta tarde*	[ésta tárde]
ce soir	*esta noche*	[ésta nótche]
demain	*mañana*	[magnána]
demain matin	*mañana por la mañana*	[magnána por la magnána]
demain après-midi	*mañana por la tarde*	[magnána por la tárde]
demain soir	*mañana por la noche*	[magnána por la nótche]
après-demain	*pasado mañana*	[pasádo magnána]
hier	*ayer*	[ayér]
avant-hier	*anteayer*	[ánteayér]
semaine	*semana*	[semána]
la semaine prochaine	*la semana próxima*	[la semána prósima]
la semaine dernière	*la semana pasada*	[la semána pasáda]
lundi prochain	*el lunes próximo*	[loúnes prósimo]

janvier	*enero*	[enéro]
février	*febrero*	[febréro]
mars	*marzo*	[márso]
avril	*abril*	[abríl]
mai	*mayo*	[máyo]
juin	*junio*	[hoúnyo]
juillet	*julio*	[hoúlyo]
août	*agosto*	[agósto]

45

septembre	*septiembre*	[septyémbre]
octobre	*octubre*	[oktoúbre]
novembre	*noviembre*	[novyémbre]
décembre	*diciembre*	[disyémbre]
le 1er juin	*el primero de junio*	[el prímero de hoúnyo]
le 10 juin	*el diez de junio*	[el dyés de hoúnyo]
le 17 juin	*el diecisiete de junio*	[el dyesisyéte de hoúnyo]
le 31 juillet	*el treinta y uno de julio*	[el tréynta y oúno de hoúlyo]
mois	*mes*	[més]
le mois prochain	*el mes próximo*	[el més prósimo]
le mois dernier	*el mes pasado*	[el més pasádo]
année	*año*	[ágno]
l'année prochaine (l'an prochain)	*el próximo año*	[el prósimo ágno]
l'année passée (l'an dernier)	*el año pasado*	[el ágno pasádo]

À partir de quelle heure peut-on prendre le petit déjeuner?

¿A partir de qué hora se puede desayunar?

[a partír de ke óra se pwéde desayunár]

Jusqu'à quelle heure?
¿Hasta qué hora?
[ásta ke óra]

À quelle heure la chambre sera-t-elle prête?
¿A qué hora estará lista la habitación?
[a ke óra estará lísta la:bitasión]

À quelle heure doit-on quitter la chambre?
¿A qué hora se debe dejar la habitación?
[a ke óra se débe dehár la:bitasión]

Quel est le décalage horaire entre... et ... ?
¿Cuál es la diferencia de horario entre... y ...?
[kwál es la diferénsya de oráryo éntre... i...]

PAYS ET NATIONALITÉS –
PAISES Y NACIONALIDADES

Argentine	*Argentina*	[arhentína]
Belgique	*Bélgica*	[belhíka]
Bolivie	*Bolivia*	[bolíbya]
Brésil	*Brasil*	[brásil]
Canada	*Canadá*	[kanadá]
Chili	*Chile*	[tchíle]
Colombie	*Colombia*	[kolómbya]
Costa Rica	*Costa Rica*	[kósta ríka]

El Salvador	*El Salvador*	[el salbadór]
Équateur	*Ecuador*	[ekwdór]
Espagne	*España*	[espágna]
États-Unis	*Estados Unidos*	[estádos ounídos]
France	*Francia*	[fránsya]
Guatemala	*Guatemala*	[gwatemála]
Honduras	*Honduras*	[ondoúras]
Italie	*Italia*	[itália]
Mexique	*México*	[méhiko]
Nicaragua	*Nicaragua*	[nikarágwa]
Panamá	*Panamá*	[panamá]
Paraguay	*Paraguay*	[paragwái]
Pérou	*Perú*	[perú]
Québec	*Quebec*	[kebék]
Suisse	*Suiza*	[swísa]
Uruguay	*Uruguay*	[ourougwái]
Venezuela	*Venezuela*	[beneswéla]

Je suis...	**Soy...**	**[sói]**
américain/ américaine	*americano/a, estadounidense*	[amerikáno|a| estadounidénse]
argentin/ argentine	*argentino/ argentina*	[arhentíno	arhentína]
belge	*belga*	[bélga]
bolivien/ bolivienne	*boliviano/ boliviana*	[bolibyáno	bolibyána]
brésilien/ brésilienne	*brasilero/ brasilera*	[brasiléro| brasiléra]

canadien/ canadienne	*canadiense*	[kanadyénse]
colombien/ colombienne	*colombiano/ colombiana*	[kolombyáno| kolombyána]
chilien/chilienne	*chileno/chilena*	[tchiléno|tchiléna]
costaricain/ costaricaine	*costarricense*	[kostarisénse]
équatorien/ équatorienne	*ecuatoriano/ ecuatoriana*	[ekwatoryáno| ekwatoryána]
espagnol/ espagnole	*español/ española*	[espagnól| espagnóla]
français/ française	*francés/francesa*	[fransés|fransésa]
guatémaltèque	*guatemalteco/ guatemalteca*	[gwatemaltéko| gwatemaltéka]
hondurien/ hondurienne	*hondureño/ hondureña*	[ondourégno| ondourégna]
italien/italienne	*italiano/italiana*	[italyáno|italyána]
mexicain/ mexicaine	*mexicano/ mexicana*	[mehikáno| mehikána]
nicaraguayen/ nicaraguayenne	*nicaragüense*	[niaragwénse]
panaméen/ panaméenne	*panameño/ panameña*	[panamégno| panamégna]
paraguayen/ paraguayenne	*paraguayo/ paraguaya*	[paragwáyo| paragwáya]
péruvien/ péruvienne	*peruano/ peruana*	[perwáno| perwána]
québécois/ québécoise	*quebequense quebequés quebequesa*	[kebekénse| kebekés| kebekésa]

salvadorien/ salvadirienne	*salvadoreño/ salvadoreña*	[salbadorégno| salbadorégna]
suisse	*suizo/suiza*	[swíso|swísa]
uruguayen/ uruguayenne	*uruguayo/ uruguaya*	[ourougwáyo| ourougwáya]
vénézuélien/ vénézuélienne	*venezolano/ venezolana*	[benesoláno| benesolána]

FORMALITÉS D'ENTRÉE – *FORMALIDADES DE ENTRADA*

carte de tourisme	*tarjeta de turismo*	[tarhéta de tourísmo]
douane	*aduana*	[adwána]
immigration	*inmigración*	[inmigrasjón]
passeport	*pasaporte*	[pasapórte]
visa	*visa*	[bísa]
bagages	*equipajes*	[ekipáhes]
sac	*bolso*	[bólso]
valise	*valija, maleta*	[balíha |maléta]
l'ambassade	*la embajada*	[la embaháda]
le Consulat	*el consulado*	[el konsouládo]
citoyen	*ciudadano*	[syoudadáno]

Votre passeport, s'il vous plaît
Su pasaporte, por favor
[sou pasapórte | por fabór]

Combien de temps allez-vous séjourner au pays?
¿Cuánto tiempo estará en el país?
[kwánto tyémpo estará en el país]

Trois jours	*Tres días*	[trés días]
Une semaine	*Una semana*	[oúna semána]
Un mois	*Un mes*	[oun més]

Avez-vous un billet de retour?
¿Tiene usted un billete de vuelta?
[tyéne ousté oun biyéte de bwelta]

Quelle sera votre adresse dans le pays?
¿Cuál será su dirección en el país?
[kouál será sou direksión en el país]

Voyagez-vous avec des enfants?
¿Viaja usted con niños?
[bjáha ousté kon nígnos]

Voici le consentement de sa mère (de son père)
He aquí el permiso de su madre (de su padre)
[e akí el permíso de sou mádre | de sou pádre]

Je ne suis qu'en transit
Sólo estoy de pasada
[sólo estói de pasada]

Je suis en voyage d'affaires
Estoy en viaje de negocios
[estói en byáhe de negosyos]

Je suis en voyage de tourisme
Estoy de vacaciones
[estói de bakasyónes]

Pouvez-vous ouvrir votre sac, s'il vous plaît?
¿Puede usted abrir su bolso, por favor?
[pwéde ousté abrír sou bólso | por fabór]

Je n'ai rien à déclarer
Yo no tengo nada que declarar
[yo no téngo náda ke deklarár]

L'AÉROPORT – *EL AEROPUERTO*

autobus	*autobús, camión (Mexique), guagua (Cuba)*	[aoutoboús | kamyón| gwágwá]
avion	*avión*	[abyón]

bateau	*barco*	[bárko]
taxi	*taxi*	[táksi]
train	*tren*	[trén]
voiture	*automóvil,* *auto, carro,* *máquina*	[aoutomóbil | áouto | ka<u>r</u>o | mákina]
voiture de location	*automóvil, auto, carro, máquina de alquiler*	[aoutomóbil | áouto | ka<u>r</u>o | mákina de alkilér]
Office de tourisme	*Oficina de turismo*	[ofisína de tourísmo]
Renseignements touristiques	*Informaciones turísticas*	[imformasyónes tourístikas]

J'ai perdu une valise
He perdido una maleta
[e perdído oúna maléta]

J'ai perdu mes bagages
He perdido mi equipaje
[e perdído mi ekipá**he**]

Je suis arrivé sur le vol n°... de...
Llegué en el vuelo n°... de...
[yegué:nel bwélo noumero... de...]

Je n'ai pas encore eu mes bagages
Todavía no he recibido mi equipaje
[todabía no e resibído mi ekipáhe]

Y a-t-il un bus qui se rend au centre-ville?
¿Hay un autobús que va al centro de la ciudad?
[ái un aoutoboús ke bá:l séntro de la syoudá]

Où le prend-on?
¿Dónde se toma?
[dónde se tóma]

Quel est le prix du billet?
¿Cuánto vale el billete (el tíquet)?
[kwánto bále:l biyéte | el tíket]

Est-ce que ce bus va à ...?
¿Ese bus va a ...?
[ése boús ba:]

Combien de temps faut-il pour se rendre à l'aéroport?
¿Cuánto tiempo se necesita para ir al aeropuerto?
[kwánto tyémpo se nesesíta pára ir al aeropwérto]

Combien de temps faut-il pour se rendre au centre-ville?
¿Cuánto tiempo se necesita para ir al centro de la ciudad?
[kwánto tyémpo se nesesíta pára ir al séntro de la syoudá]

54

Combien de temps faut-il pour se rendre en bus?
¿Cuánto tiempo lleva ir en bus?
[kwánto tyémpo yéba ir en aoutoboús]

Combien de temps faut-il pour se rendre en taxi?
¿Cuánto tiempo lleva ir en taxi?
[[kwánto tyémpo yéba ir en táksi]

Combien de temps faut-il pour se rendre en voiture?
¿Cuánto tiempo lleva ir en auto?
[[kwánto tyémpo yéba ir en aoúto]

Combien faut-il payer?
¿Cuánto cuesta?
[kwánto kwésta]

Où prend-on le taxi?
¿Dónde se toma el taxi?
[dónde se tóma:l táksi]

Combien coûte le trajet pour...?
¿Cuánto cuesta el trayecto para ir a...
[kwánto kwésta el trayékto pára ir a...]

Où peut-on louer une voiture?
¿Dónde se puede alquilar un auto?
[dónde se pwéde alkilár un aoúto]

Est-ce qu'on peut réserver une chambre d'hôtel de l'aéroport?

¿Se puede reservar una habitación de hotel desde el aeropuerto?

[se pwéde reserbár una:bitasyón de otél désde:l aeropwérto]

Y a-t-il un hôtel à l'aéroport?

¿Hay un hotel en el aeropuerto?

[ái oun otél en el aeropwérto]

Où peut-on changer de l'argent?

¿Dónde se puede cambiar dinero?

[dónde se pwéde kambyár dinéro]

Où sont les bureaux de...?

¿Dónde se encuentran las oficinas de...?

[dónde se:nkwéntran las ofisínas de...]

LES TRANSPORTS — *LOS TRANSPORTES*

Les transports en commun — *el transporte en común*

| bus | *bus, autobús, camión (Mexique), guagua (Cuba)* | [boús\| aoutoboús \|kamyón \| gwágwá] |

car	*autocar*	[aoutokár]
métro	*metro*	[métro]
train	*tren*	[trén]

air conditionné	*aire acondicionado*	[áyre akondisyonádo]
aller-retour	*ida y vuelta*	[ída i bwélta]
billet	*billete, tíquet*	[biyéte | tíket]
gare	*estación (de trenes, de bus)*	[estasyón de trénes | de boús]
place numérotée	*asiento numerado*	[asyénto noumerádo]
siège réservé	*asiento reservado*	[asyénto reserbádo]
terminal routier	*terminal, estación*	[terminál | estasyón]
quai	*andén, muelle*	[andén | mwéye]
vidéo	*video*	[bidéo]
wagon-restaurant	*vagón-restaurante*	[bagón-restaouránte]

Où peut-on acheter les billets?

¿Dónde se puede comprar los billetes (tíquetes) ?

[dónde se pwéde komprár los biyétes \| tíketes]

Quel est le tarif pour...?

¿Cuánto cuesta el billete para...?

[kwánto kwésta el biyéte pára...]

57

Quel est l'horaire pour...?
¿Cuál es el horario para...?
[kwál es el orário para...]

Y a-t-il un tarif pour enfants?
¿Hay un precio para niños?
[ái un présyo pára nígnos]

À quelle heure part le train pour...?
¿A qué hora sale el tren para...?
[a ke óra sále:l trén para...]

À quelle heure arrive le bus de...?
¿A qué hora llega el bus de...?
[a ke óra yéga el boús de...]

Est-ce que le café est servi à bord?
¿Se sirve café en (el tren, el barco)?
[se sírbe kafé:n el trén | el bárko]

Un repas léger est-il servi à bord?
¿Se sirve una comida ligera en (el tren, el barco)?
[se sírbe oúna komída lihéra en el trén | el bárko]

Le repas est-il inclus dans le prix du billet?
¿La comida está incluida en el precio del billete?
[la komída está inklwída en el présyo del biyéte]

58

De quel quai part le train pour...?
¿De qué andén sale el tren para...?
[de ké andén sále:l trén para...]

Où met-on les bagages?
¿Dónde ponemos el equipaje?
[dónde ponémos el ekipáhe]

Excusez-moi, vous occupez ma place.
¿Discúlpeme, usted ocupa mi asiento.
[diskúlpeme ousté okoúpa mi asyénto]

À quelle gare sommes-nous?
¿En qué estación estamos?
[en ké estasyón estámos]

Est-ce que le train s'arrête à...?
¿El tren para en...?
[el trén se pára:n]

Métro — *metro*

Quelle est la station la plus proche?
¿Cuál es la estación más cercana?
[kwál es la estasyón más serkána]

Combien coûte un trajet?
¿Cuánto cuesta un billete)?
[kwánto kwésta un biyéte]

Y a-t-il des carnets de billets?
¿Hay talonarios de tíquetes?
[ái talonáryos de tíketes]

Y a-t-il des cartes pour la journée? pour la semaine?
¿Hay tarjetas por un día? una semana?
[ái tarhétas por oun día | oúna semána]

Quelle direction faut-il prendre pour aller à...?
¿Qué dirección hay que tomar para ir a...?
[ke direksyón ái que tomár pára ir a...]

Est-ce qu'il faut faire une correspondance?
¿Hay que hacer una correspondencia (un cambio de...)?
[ái ke asér oúna korespondénsya | oun kambyo]

Avez-vous un plan du métro?
¿Tiene usted un plano del metro?
[Tyéne ousté oun pláno del métro]

À quelle heure ferme le métro?
¿A qué hora cierra el metro?
[a ke óra syéra el métro]

60

La conduite automobile – *El automóvil*

ici	*aquí*	[akí]
là	*ahí, allí*	[aí | ayí]
avancer	*avanzar*	[abansár]
reculer	*retroceder*	[retrosedér]
tout droit	*derecho/ derechito*	[derétcho | derétchito]
à gauche	*a la izquierda*	[a la iskyérda]
à droite	*a la derecha*	[a la derétcha]
feux de circulation	*señales de tránsito*	[segnáles de tránsito]
feu rouge	*semáforo*	[semáforo]
feu vert	*luz verde*	[loús bérde]
feu orangée	*luz anaranjada*	[loús anaranháda]
aux feux de circulation	*a las señales de tránsito*	[a las segnáles de tránsito]
carrefour	*esquina*	[eskína]
carrefour giratoire	*rotonda*	[rotónda]
sens unique	*sentido único, una sola dirección*	[sentído oúniko | oúna sóla direksyón]
sens interdit	*sentido prohibido, dirección prohibida*	[sentído proibído | direksyón proibída]
faites trois kilomètres	*haga tres kilómetros*	[ága trés kilómetros]
la deuxième à droite	*la segunda a la derecha*	[la segúnda a la derétcha]

la première à gauche	*la primera a la izquierda*	[la priméra a la iskyérda]
l'autoroute à péage	*autopista de peaje*	[aoutopísto de peáhe]
route non revêtue	*carretera sin asfaltar*	[karetéra sin asfaltár]
rue piétonne	*calle peatonal*	[káye peatonál]

Location — *Alquiler*

Je voudrais louer une voiture
Quisiera alquilar un carro
[kisyéra alkilár oun ka̱ro]

Vous en avez à transmission automatique?
¿Tiene uno de transmisión automática?
[tyéne oúno de transmisyón aoutomátika]

Vous en avez à embrayage manuel?
¿Tiene uno de embrague manual?
[tyéne oúno de embrágue manouál]

Quel est le tarif pour une journée?
¿Cuánto cuesta por un día?
[kwánto kwésta por oun día]

Quel est le tarif pour une semaine?
¿Cuánto cuesta por una semana?
[kwánto kwésta por oúna semána]

Est-ce que le kilométrage est inclus?
¿El kilometraje está incluido?
[el kilometráhe está inklwído]

Combien coûte l'assurance?
¿Cuánto cuesta el seguro?
[kwánto kwésta el segoúro]

Y a-t-il une franchise collision?
¿Hay una franquicia por colisión, por choque?
[ái oúna frankísya por kolisyón | por tchóke]

J'ai une réservation
Tengo una reservación
[téngo oúna reserbasyón]

J'ai un tarif confirmé par le siège social
Tengo un precio confirmado por la compañia
[téngo oun présyo konfirmádo por la kompagnía]

Mécanique — *Mecánica*

Français	Español	Pronunciación
antenne	*antena*	[anténa]
antigel	*anticongelante*	[antikonhelánte]
avertisseur	*avisador, bocina*	[abisadór|bosína]
boîte à gants	*guantera*	[wantéra]
cassette	*casete*	[kaséte]
chauffage	*calefacción*	[kalefaksyón]
clé	*llave*	[yábe]
clignotants	*intermitente*	[intermiténte]
climatisation	*climatización*	[klimatisasyón]
coffre arrière	*maletero, guarda maletas*	[maletéro | gouárda malétas]
démarreur	*arranque*	[aranke]
diesel	*diesel*	[dyésel]
eau	*agua*	[ágwa]
embrayage	*embrague*	[embrágue]
essence	*gasolina, petróleo*	[gasolína | petróleo]
essence sans plomb	*gasolina sin plomo*	[gasolína sin plómo]
essuie-glace	*limpiaparabrisas*	[límpyaparabrisas]
filtre à l'huile	*filtro de aceite*	[fíltro de aséyte]
frein à main	*freno de mano*	[fréno de máno]
freins	*frenos*	[frénos]
fusibles	*fusibles*	[fousíbles]
glaces électriques	*cristales eléctricos*	[kristáles eléktrikos]

huile	*aceite*	[aséyte]
levier de vitesse	*palanca de velocidad*	[palánka de velósida]
pare-brise	*parabrisa*	[parabrísa]
pare-chocs	*parachoques*	[paratchóke]
pédale	*pedal*	[pedál]
phare	*faro, luz*	[fáro	loús]
pneu	*neumático, goma, llanta*	[neoumátiko	góma	yánta]
portière avant (arrière)	*puerta, portezuela de delante (de atrás)*	[pwérta	porteswéla	de delánte |de atrás]
radiateur	*radiador*	[ṛadyadór]
radio	*el radio*	[el ṛádyo]
rétroviseur	*retrovisor*	[ṛetrobisór]
serrure	*cerradura*	[seṛadúra]
siège	*asiento*	[asyénto]
témoin lumineux	*piloto*	[pilóto]
toit ouvrant	*techo descapotable*	[tétcho dehkapotáble]
ventilateur	*ventilador*	[bentiladór]
volant	*volante, timón*	[bolánte	timón]
aceite	huile	[aséyte]
agua	eau	[ágwa]
antena	antenne	[anténa]
anticongelante	antigel	[antikonhelánte]
arranque	démarreur	[aṛanke]

65

asiento	siège	[asyénto]
avisador, bocina	avertisseur	[abisadór |bosína]
calefacción	chauffage	[kalefaksyón]
casete	cassette	[kaséte]
cerradura	serrure	[seradúra]
climatización	climatisation	[klimatisasyón]
cristales eléctricos	glaces électriques	[kristáles eléktrikos]
diesel	diesel	[dyésel]
embrague	embrayage	[embrágue]
faro, luz	phare	[fáro | loús]
filtro de aceite	filtre à l'huile	[fíltro de aséyte]
frenos	freins	[frénos]
freno de mano	frein à main	[fréno de máno]
fusibles	fusibles	[fousíbles]
gasolina, petróleo	essence	[gasolína | petróleo]
gasolina sin plomo	essence sans plomb	[gasolína sin plómo]
guantera	boîte à gants	[wantéra]
intermitente	clignotants	[intermiténte]
limpiaparabrisas	essuie-glace	[límpyaparabrisas]
llave	clé	[yábe]
maletero, guarda maletas	coffre arrière	[maletéro | gouárda malétas]
neumático, goma, llanta	pneu	[neoumátiko | góma | yánta]

palanca de velocidad	levier de vitesse	[palánka de velósida]
parabrisa	pare-brise	[parabrísa]
parachoques	pare-chocs	[paratchóke]
pedal	pédale	[pedál]
piloto	témoin lumineux	[pilóto]
puerta, portezuela de delante (de atrás)	portière avant (arrière)	[pwérta | porteswéla | de delánte |de atrás]
radiador	radiateur	[radyadór]
el radio	radio	[el rádyo]
retrovisor	rétroviseur	[retrobisór]
techo descapotable	toit ouvrant	[tétcho dehkapotáble]
ventilador	ventilateur	[bentiladór]
volante, timón	volant	[bolánte | timón]

Faire le plein – *Echar gasolina, petróleo*

Le plein, s'il vous plaît
Llene el tanque (depósito), por favor
[yéne:l tánke \| depósito \| por fabór]

Mettez-en pour 50 pesos
Eche por 50 pesos
[étche por cinkwenta pésos]

Vérifier la pression des pneus
Verificar la presión de los neumáticos
[berifikár la presyón de los neoumátikos]

Acceptez-vous les cartes de crédit?
¿Acepta Ud. tarjetas de crédito?
[asépta usté tarhétas de krédito]

SANTÉ – *SALUD*

hôpital	*hospital*	[ospitál]
pharmacie	*farmacia*	[farmásya]
médecin	*médico*	[médiko]
dentiste	*dentista*	[dentísta]

J'ai mal...	***Tengo un dolor...***	**[téngo oun dolór]**
à l'abdomen	*en el abdomen*	[en el abdómen]
aux dents	*de diente*	[de dyénte]
au dos	*de espalda*	[de:spálda]
à la gorge	*de garganta*	[de gargánta]
au pied	*en el pie*	[en:l pyé]
à la tête	*de cabeza*	[de kabésa]
au ventre	*de barriga*	[de baríga]

Je suis constipé	*Estoy constipado*	[estói konstipádo]
J'ai la diarrhée	*Tengo diarrea*	[téngo dyárea]

Je fais de la fièvre	*Tengo fiebre*	[téngo fyébre]
Mon enfant fait de la fièvre	*Mi hijo tiene fiebre*	[mi:iho tyéne fyébre]
J'ai la grippe	*Tengo gripe*	[téngo grípe]

Je voudrais renouveler cette ordonnance
Quisiera renovar esta prescripción
[kisyéra renobár ésta preskripsyón]

Avez-vous des médicaments contre le mal de tête?
¿Tiene medicamentos para el dolor de cabeza?
[tyéne medikaméntos para el dolór de kabésa]

Avez-vous des médicaments contre la grippe?
¿Tiene medicamentos para la gripe?
[tyéne medikaméntos para la grípe]

Je voudrais...	*Desearía...*	[desearía]
des anovulants	*anovulatorios*	[anoboulatóryos]
des préservatifs	*preservativos*	[preserbatíbos]
de la crème solaire	*una crema para el sol*	[oúna kréma pára:l sól]
un insectifuge	*un antiinsectos*	[oun anti:nséktos]
un collyre	*un colirio*	[oun kolíryo]
...du baume pour les piqûres d'insecte	*...una pomada para las picaduras de insectos*	[pomáda pára las pikádoúras de inséktos]

69

...un médicament contre la malaria	...un medicamento contra la malaria	[medikaménto kóntra la malárya]
...une solution nettoyante (mouillante) pour verres de contact souples (rigides)	...una solución para limpiar(mojar) los lentes de contacto suaves (rígidos)	[oúna solousyón pára limpyár | mohár | los léntes de kontákto swábes | rígidos]

URGENCES – *URGENCIAS*

Au feu!	*¡Fuego!*	[fwégo]
Au secours!	*!Auxilio!*	[aousílyo]
Au voleur!	*¡Al ladrón!*	[al ladrón]
On m'a agressé	*Me agredieron*	[me agredyéron]
On m'a volé	*Me robaron*	[me robáron]

Pouvez-vous appeller la police? l'ambulance?
¿Puede usted llamar a la policia? ¿la ambulancia?
[pwéde ousté yamar a la polisyia | l:anbulánsya?]

Où est l'hôpital?
¿Dondé está el hospital?
[dónde está el ospitál]

Pouvez-vous me conduire à l'hôpital?
¿Puede llevarme al hospital?
[pwéde yebármé al ospitál]

On a volé nos bagages dans la voiture
Se robaron nuestro equipaje del carro
[se robáron nwéstro equipáhe del karo]

On a volé mon portefeuille
Me robaron la cartera
[me robáron la kartéra]

Ils avaient une arme
Tenían un arma
[tenían oun árma]

Ils avaient un couteau
Tenían un cuchillo
[tenían un koutchíyo]

Ils avaient un pistolet
Tenían una pistola
[tenían oúna pistóla]

| banque | *banco* | [bánko] |
| bureau de change | *oficina de cambio* | [ofisína de kámbyo] |

Quel est le taux de change pour le dollar canadien?
¿Cuál es el cambio para el dólar canadiense?
[kwál es el kámbyo pára el dólar kanadyénse]

dollar américain	*dólar americano*	[dólar amerikáno]
franc français	*franco francés*	[fránko fransés]
franc belge	*franco belga*	[[fránko bélga]
franc suisse	*franco suizo*	[fránko swíso]

Je voudrais changer des dollars américains (canadiens)
Quisiera cambiar dólares americanos (canadienses)
[kisyéra kambyár dólares amerikános | kanadyénses]

Je voudrais changer des chèques de voyage
Quisiera cambiar cheques de viaje
[[kisyéra kambyár tchékes de byáhe]

skieur[m] alpin
esquiador[m] alpino

gant[m]
guante[m]

poignée[f]
puño[m]

dragonne[f]
correa[f] para la mano[f]

bâton[m] de ski[m]
bastón[m] de esquí[m]

frein[m]
freno[m] del esquí[m]

chaussure[f] de ski[m]
bota[f]

rondelle[f]
arandela

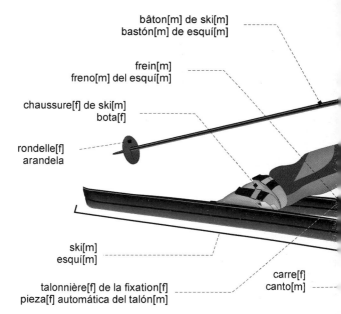

ski[m]
esquí[m]

talonnière[f] de la fixation[f]
pieza[f] automática del talón[m]

carre[f]
canto[m]

ski[m] alpi
esquí[m] alpin

bonnet[m] / *tuque*[f]
gorro[m] de esquí[m]

] de ski[m]
e esquí[m]

lunettes[f] de ski[m]
gafas[f] de esquí[m]

combinaison[f] de ski
traje[m] para esquiar

pointe
punta[

spatule[
pala[f]

semelle[f]
superficie[f] de deslizamiento[n

butée[f] de la fixation[f]
pieza[f] de sujeción[f] de la punta[f] del pie[m]

Illustration par Québec/Amérique International © 19

Je voudrais obtenir une avance de fonds sur ma
carte de crédit

*Quisiera un avance de fondos sobre mi
tarjeta de crédito*

[kisyéra oun abánse de fóndos sóbre mi
tarhéta de krédito]

Où peut-on trouver un guichet
automatique (un distributeur de billets)?

*¿Dónde se puede encontrar un cajero
automático? (una distribuidora de dinero)*

[dónde se pwéde:nkontrár oún kahéro aoutomátiko |
oúna distribwidóra de dinéro]

POSTE ET TÉLÉPHONE
– *CORREO Y TELÉFONO*

---

courrier rapide	*correo rápido*	[koréo rápido]
par avion	*por avión*	[por abyón]
poids	*peso*	[péso]
timbres	*sellos, estampillas*	[séyos | estanpiyas]

Où se trouve le bureau de poste?

¿Dónde se encuentra el correo?

[dónde se:nkwéntra el koréo]

Combien coûte l'affranchissement d'une carte postale
pour le Canada?

¿Cuánto cuesta un sello para una tarjeta a Canadá?

[kwánto kwésta oun séyo para oúna tarhéta a kanadá]

Combien coûte l'affranchissement d'une lettre
pour le Canada?

¿Cuánto cuesta un sello para una carta a Canadá?

[kwánto kwésta oun séyo para oúna kárta a kanadá]

Où se trouve le bureau des téléphones?

¿Dónde está la oficina de teléfonos?

[dónde está la ofisína de teléfonos]

Où se trouve la cabine téléphonique la plus près?

¿Dónde está la cabina de teléfono más cerca?

[dónde está la kabina de teléfono mas syerka]

Que faut-il faire pour placer un appel local?

¿Cómo se puede hacer una llamada local?

[kómo se pwéde asér oúna yamáda lokál]

Que faut-il faire pour appeler au Canada?

¿Cómo se puede hacer una llamada a Canadá?

[kómo se pwéde asér oúna yamáda a kanadá]

Je voudrais acheter une carte de téléphone
Quisiera comprar una tarjeta de teléfono
[kisyéra komprár oúna tarhéta de teléfono]

J'aimerais avoir de la monnaie pour téléphoner
Desearía tener menudo (cambio) para hacer una llamada
[desearía tenér menoúdo | kambyo |
para asér úna yamáda]

Comment les appels sont-ils facturés à l'hôtel?
¿Cómo son facturadas las llamadas en el hotel?
[kómo son faktourádas las yamádas en el otél]

(ils sont la plupart du temps deux ou trois fois plus chers
que les appels effectués depuis une cabine)

J'appelle Canada Direct, c'est un appel sans frais
Llamo a «Canada Direct», es una llamada sin costo
[yámo a «kanadá dirék» | es oúna yamáda sin kósto]

Je voudrais faire un appel de personne à personne
Quisiera hacer una llamada de persona a persona
[kisyéra asér oúna yamáda de persóna a persóna]

Je voudrais envoyer un fax
Quisiera enviar un fax
[kisyéra embyár oun fáks]

Avez-vous reçu un fax pour moi?
Recibió un fax para mí
[resibyó un fáks pára mí]

ÉLECTRICITÉ – *ELECTRICIDAD*

Où puis-je brancher mon rasoir?
¿Dónde puedo conectar mi máquina de afeitar?
[dónde pwédo konektár mi mákina de aféytar]

L'alimentation est-elle de 220 volts?
¿La corriente es de 220 voltios?
[la koryénte es de dosyentos béinte voltios]

La lampe ne fonctionne pas
La lámpara no funciona
[la lámpara no founsyóna]

Où puis-je trouver des piles pour mon réveil-matin?
¿Dónde puedo comprar pilas para mi despertador?
[dónde pwédo konprár pílas pára mi despertadór]

Est-ce que je peux brancher mon ordinateur ici?
¿Puedo conectar mi ordenador aquí?
[pwédo konektár mi ordenadór akí]

76

Y a-t-il une prise téléphonique pour mon ordinateur?

¿Hay una toma telefónica para mi ordenador?

[áị oúna tóma telefónika pára mi ordenadór]

MÉTEO – *EL TIEMPO*

la pluie	*la lluvia*	[la youbya]
le soleil	*el sol*	[el sól]
le vent	*el viento*	[el bjénto]
la neige	*la nieve*	[la nyébe]
il fait chaud	*hace calor*	[áse kalór]
il fait froid	*hace frío*	[áse frío]
ensoleillé	*soleado*	[soléado]
nuageux	*nublado*	[noubládo]
pluvieux	*lluvioso*	[youbyóso]
Est-ce qu'il pleut?	*¿llueve?*	[ywébe]
Va-t-il pleuvoir?	*¿va a llover?*	[ba:yobér]
Prévoit-on de la pluie?	*¿Hay probabilidad de lluvia?*	[áị probabilidá de youbya]

la lluvia	la pluie	[la youbya]
el sol	le soleil	[el sól]
el viento	le vent	[el byénto]
la nieve	la neige	[la nyébe]
Hace calor	Il fait chaud	[áse kalór]
Hace frío	Il fait froid	[áse frío]

ÉLECTRICITÉ

77

soleado	ensoleillé	[soléado]
nublado	nuageux	[noubládo]
lluvioso	pluvieux	[youbyóso]
¿Llueve?	Est-ce qu'il pleut?	[ywébe]
¿Va a llover?	Va-t-il pleuvoir?	[ba:yobér]
¿Hay probabilidad de lluvia?	Prévoit-on de la pluie?	[ái probabilidá de yoúbya]

Quel temps fera-t-il aujourd'hui?
¿Qué tiempo hará hoy?
[ke tyémpo ará ói]

Comme il fait beau!
¡Qué buen tiempo hace!
[ke bwén tyémpo áse]

Quelle belle température!
¡Qué buena temperatura!
[ke bwéna temperatoúra]

Comme il fait mauvais!
¡Qué mal tiempo!
[ke mal tyémpo]

Quel mauvais temps!
¡Qué tiempo más malo!
[ke tyémpo más málo]

l'aéroport	*el aeropuerto*	[el aeropouérto]
la cascade	*la cascada, la catarata, el salto de agua*	[la kaskáda | la kataráta | el sálto de ágwa]
la cathédrale	*la catedral*	[la katedrál]
le centre commercial	*el centro comercial*	[el séntro komersyál]
le centre historique	*el centro histórico*	[el séntro istóriko]
les chutes de...	*las caidas de... los saltos de...*	[las kaídas de... | los sáltos de...]
l'édifice	*el edificio*	[el edifísyo]
l'église	*la iglesia*	[la iglésya]
le funiculaire	*el funicular*	[el founikoulár]
la forteresse	*la fortaleza*	[la fortalésa]
l'hôtel de ville	*el ayuntamiento la alcaldía*	[ahountamyéento | la :lkaldía]
la fontaine	*la fuente*	[la fwénte]
le fort	*el fuerte*	[el fwérte]
la gare ferroviaire	*la estación del ferrocarril*	[la estasyón del ferokaríl]
la gare routière	*la estación de ómnibus*	[la estasyón de ómnibous]
la maison	*la casa*	[la kása]
le manoir	*la villa, la casona*	[la bíya | la kasóna]

le marché	el mercado	[el merkádo]
la marina	la marina	[la marína]
la mer	el mar, la mar	[el már | la már]
le monastère	el monasterio	[el monastéryo]
le monument	el monumento	[el monouménto]
le musée	el museo	[el mouséo]
le palais de justice	el palacio de justicia	[el palásyo de houstísya]
le parc	el parque	[el párke]
le parc d'attractions	el parque de atracciones	[el párke de atraksyónes]
la piscine	la piscina	[la pisína]
la place centrale	la plaza central	[la plása sentrál]
la plage	la playa	[la pláya]
le pont	el puente	[el pwénte]
le port	el puerto	[el pwérto]
la promenade	la caminata, el paseo	[la kamináta | el paséo]
la pyramide	la pirámide	[la pirámide]
la rivière	el río	[el río]
les ruines	las ruinas	[las rwínas]
le site archéologique	el centro arqueológico	[el séntro arkeolóhiko]
le stade	el estadio	[el estádio]
la statue	la estatua	[la estátoua]
le téléférique	el teleférico	[el telefériko]
le temple	el templo	[el témplo]
le théâtre	el teatro	[el teátro]

le tunnel	*el tunel*	[el toúnel]
le vieux centre	*el centro antiguo*	[el céntro antígwo]
le vieux port	*el puerto viejo*	[el pwérto byého]
le zoo	*el zoológico*	[el so:lóhiko]
el aeropuerto	l'aéroport	[el aeropouérto]
el ayuntamiento, la alcadia	l'hôtel de ville	[ahountamyénto | la:lkaldía]
las caidas	les chutes	[las kaídas de...]
la caminata	la promenade	[la kamináta]
la casa	la maison	[la kása]
la cascada	la cascade	[la kaskáda]
la casona	le manoir	[la kasóna]
la catarata	la cascade	[kataráta]
la catedral	la cathédrale	[la katedrál]
el centro antiguo	le vieux centre	[el centro antígwo]
el centro arqueológico	le site archéologique	[el séntro arkeolóhiko]
el centro comercial	le centre commercial	[el séntro komersyál]
el centro histórico	le centre historique	[el séntro istóriko]
el edificio	l'édifice	[el edifísyo]
la estación del ferrocarril	la gare ferroviaire	[la estasyón del ferokarríl]
la estación de ómnibus	la gare routière	[la estasyón de ómnibous]

el estadio	le stade	[el estádio]
la estatua	la statue	[la estátoua]
la fortaleza	la forteresse	[la fortalésa]
la fuente	la fontaine	[la fwénte]
el fuerte	le fort	[el fwérte]
el funicular	le funiculaire	[el founikoulár]
la iglesia	l'église	[la iglésya]
la marina	la marina	[la marína]
el mar, la mar	la mer	[el már | la már]
el mercado	le marché	[el merkádo]
el monasterio	le monastère	[el monastéryo]
el monumento	le monument	[el monouménto]
el museo	le musée	[el mouséo]
el palacio de justicia	le palais de justice	[el palásyo de houstísya]
el parque	le parc	[el párke]
el parque de atracciones	le parc d'attractions	[el párke de atraksyónes]
la piscina	la piscine	[la pisína]
el paseo	la promenade	el paséo]
la playa	la plage	[la pláya]
la plaza central	la place centrale	[la plása sentrál]
el puente	le pont	[el pwénte]
el puerto	le port	[el pwérto]
la pirámide	la pyramide	[la pirámide]
el río	la rivière	[el río]
las ruinas	les ruines	[las rwínas]

el salto de agua	la cascade	[sálto de ágwa]
el teatro	le théâtre	[el teátro]
el teleférico	le téléférique	[el telefériko]
el templo	le temple	[el témplo]
el tunel	le tunnel	[el toúnel]
el viejo puerto	le vieux port	[el byého pwérto]
la villa	le manoir	[la bíya]
el zoológico	le zoo	[el so:lóhiko]

Au musée – *En el museo*

---

anthropologie	*antropología*	[antropolohía]
antiquités	*antigüedades*	[antigwedádes]
archéologie	*arqueología*	[arkeología]
architecture	*arquitectura*	[arkitektoúra]
art africain	*arte africano*	[árte afrikáno]
art asiatique	*arte asiático*	[árte asyátiko]
art amérindien	*arte amerindio*	[árte ameríndyo]
art précolonial	*arte precolombino*	[árte prekolombíno]
art colonial	*arte colonial*	[árte kolonyál]
art Déco	*art Decó*	[árte dekó]
art nouveau	*arte nuevo*	[árte nwébo]
art contemporain	*arte contemporáneo*	[árte kontemporáneo]
art moderne	*arte moderno*	[árte modérno]

arts décoratifs	*artes decorativas*	[ártes dekoratíbas]
collection permanente	*colección permanente*	[koleksyón permanénte]
colonisation	*colonización*	[kolonisasyón]
exposition temporaire	*exposición temporal*	[eksposisyón temporál]
guerre de sécession	*guerra de secesión*	[guéra de sesesyón]
guerre d'indépendance	*guerra de independencia*	[guéra de independénsya]
guerres coloniales	*guerras coloniales*	[guéras kolonyáles]
impressionnisme	*impresionismo*	[impresyonísmo]
nordistes	*nordistas*	[nordístas]
peintures	*pinturas*	[pintoúras]
période hispanique	*periodo hispánico*	[periódo ispániko]
sciences naturelles	*ciencias naturales*	[syensyas natouráles]
sculptures	*esculturas*	[eskoultoúras]
sudistes	*sudistas, surdistas*	[soudístas | sourdístas]
urbanisme	*urbanismo*	[ourbanísmo]
XIXᵉ siècle	*siglo diecinueve*	[síglo dyesinwébe]
XXᵉ siècle	*siglo veinte*	[síglo béynte]
antropología	anthropologie	[antropolohía]
antigüedades	antiquités	[antigwedádes]
arqueología	archéologie	[arkeología]
arquitectura	architecture	[arkitektoúra]

art Decó	art Déco	[árte dekó]
arte africano	art africain	[árte afrikáno]
arte amerindio	art amérindien	[árte ameríndyo]
arte asiático	art asiatique	[árte asyátiko]
arte colonial	art colonial	[árte kolonyál]
arte contemporáneo	art contemporain	[árte kontemporáneo]
arte moderno	art moderne	[árte modérno]
arte nuevo	art nouveau	[árte nwébo]
arte precolombino	art précolonial	[árte prekolombíno]
artes decorativas	arts décoratifs	[ártes dekoratíbas]
ciencias naturales	sciences naturelles	[syensyas natouráles]
colección permanente	collection permanente	[koleksyón permanénte]
colonización	colonisation	[kolonisasyón]
esculturas	sculptures	[eskoultoúras]
exposición temporal	exposition temporaire	[eksposisyón temporál]
guerra de secesión	guerre de sécession	[guéra de sesesyón]
guerra de independencia	guerre d'indépendance	[guéra de independénsya]
guerras coloniales	guerres coloniales	[guéras kolonyáles]
impresionismo	impressionnisme	[impresyonísmo]
nordistas	nordistes	[nordístas]
periodo hispánico	période hispanique	[periódo ispániko]

pinturas	peintures	[pintoúras]
siglo diecinueve	XIXᵉ siècle	[síglo dyesinwébe]
siglo veinte	XXᵉ siècle	[síglo béynte]
sudistas, sudistas	sudistes	[soudístas | sourdístas]
urbanismo	urbanisme	[ourbanísmo]

Où se trouve le centre-ville?
¿Dónde se encuentra el centro de la ciudad?
[dónde se:nkwéntra el séntro de la syoudá]

Où se trouve la vieille ville?
¿Dónde se encuentra la ciudad vieja?
[dónde se:nkwéntra la syoudá byéha]

Peut-on marcher jusque-là?
¿Se puede caminar hasta ahí?
[se pwéde kamirár ásta aí]

Quel est le meilleur chemin pour se rendre à...?
¿Cuál es el mejor camino para llegar a...?
[kwál es el mehór kamíno par yégar a...]

Quelle est la meilleure façon de se rendre à...?
¿Cuál es la mejor manera para llegar a...?
[kwál es la mehór manéra pára yégar a...]

Il faudra combien de temps?
¿Cuánto tiempo será necesario?
[kwánto tyémpo será nesesáryo]

Combien de temps faut-il pour se rendre à...?
¿Cuánto tiempo se necesita para llegar a..?
[kwánto tyémpo se nesesíta para yegár a...]

Où prend-on le bus pour le centre-ville?
¿Dónde se toma el bus para el centro de la ciudad?
[dónde se tóma el bús para el séntro de la syoudá]

Y a-t-il une station de métro près d'ici?
¿ Hay una estación de metro cerca de aquí?
[ái oúna estasyón de métro sérka de akí]

Peut-on aller à... en métro?
¿Se puede ir a ... en metro?
[se pwéde ir a ... en métro]

Peut-on aller à... en bus?
¿Se puede ir a ... en bus?
[se pwéde ir a ... en boús]

Combien coûte un ticket de bus?
¿Cuánto cuesta un tíquet de bus?
[kwánto kwésta un tíket de boús]

Combien coûte un ticket de métro?
¿Cuánto cuesta un tiquet de metro?
[kwánto kwésta un tíket de métro]

Avez-vous un plan de la ville?
¿Tiene usted un plano de la ciudad?
[tyéne ousté oun pláno de la syoudad]

Je voudrais un plan avec index
¿Quisiera un plano con índice?
[kisyéra oun pláno kon índise]

Combien coûte l'entrée?
¿Cuánto cuesta la entrada?
[kwánto kwésta la entráda]

Y a-t-il un tarif étudiant?
¿Hay un precio para estudiante?
[áï oún présyo pára estoudyántes]

Les enfants doivent-ils payer?
¿Los niños deben pagar?
[los nígnos dében pagár]

Quel est l'horaire du musée?
¿Cúal es el horario del museo?
[kwál es el orário del mouséo]

Avez-vous de la documentation sur le musée?
¿Tiene Ud. documentación sobre el museo?
[tyéne ousté dokoumentasyón sóbre el mouséo]

Est-il permis de prendre des photos?
¿Se permite tomar fotos?
[se permíte tomár fótos]

Où se trouve le vestiaire?
¿Dónde se encuentran el vestuario?
[dónde se enkwéntra el bestwáryo]

Y a-t-il une cafétéria?
¿Hay una cafetería?
[ái oúna kafetaría]

Y a-t-il un café?
¿Hay un café?
[ái oun kafé]

Où se trouve le tableau de...?
¿Dónde se encuentra el cuadro de...?
[dónde se:nkwéntra el kwádro de...]

À quelle heure ferme le musée?
¿A qué hora cierra el museo?
[a ke óra syéra el mouséo]

ACTIVITÉS DE PLEIN AIR – *ACTIVIDADES AL AIRE LIBRE*

Où peut-on pratiquer...?
¿Dónde se puede practicar...?
[dónde se pwéde praktikár]

l'équitation	*la equitación*	[la ekitasyón]
l'escalade	*la escalada*	[la eskaláda]
le badminton	*el badminton*	[el badmintón]
le golf	*el golf*	[el gólf]
la moto	*la moto*	[la móto]
la motonautique	*la motonáutica*	[la motonáoutika]
la motoneige	*la motonieve*	[la motonyébe]
la natation	*la natación*	[la natasyón]
le parachutisme	*el paracaidismo*	[el parakaydísmo]
le parapente	*el parapente*	[parapénte]
la pêche	*la pesca*	[la péska]
la pêche sportive	*la pesca deportiva*	[la péska deportíba]
la planche à voile	*la plancha de vela, tabla de vela*	[la plántcha de béla | tábla]
la plongée sous-marine	*la sumersión, la zambullida*	[la soumersyón | la sambouyída]
la plongée-tuba	*submarinismo*	[soumarinísmo]
le plongeon	*la zambullida*	[la sambouyída]

90

la randonnée pédestre	*la marcha*	[la mártcha]
le ski alpin	*el esquí de montaña*	[el eskí de montáña]
le ski de fond	*el esquí de fondo*	[el eskí de fóndo]
le surf	*la plancha de surf*	[plántcha de surf]
le tennis	*el tenis*	[el ténis]
le vélo	*la bicicleta*	[la bisikléta]
le vélo de montagne	*la bicicleta de montaña*	[la bisikléta de montáña]
le volley-ball	*el volley-ball*	[el boliból]
la voile	*la vela*	[la béla]
la balle	*la pelota*	[la pelóta]
le ballon	*el balón*	[el balón]
le bateau	*el barco*	[el bárko]
les bâtons	*los bates*	[los bátes]
les bâtons de golf	*los palos, bates (de golf)*	[los pálos | bátes de gólf]
la bicyclette	*la bicicleta*	[la bisikléta]
la bonbonne	*la bomba (de echar aire)*	[la bómba (de etchár áire)]
les bottines	*los botines*	[los botínes]
la cabine	*la cabina*	[la kabína]
la canne à pêche	*la caña de pescar*	[la káña de peskár]
la chaise longue	*la silla larga*	[la síya lárga]
les courants	*las corrientes*	[las koryéntes]

les courants dangereux	*las corrientes peligrosas*	[las koryéntes peligrósas]
le filet	*la red*	[la réd]
la marée basse	*la marea baja*	[la maréa báha]
la marée haute	*la marea alta*	[la maréa álta]
le masque	*la máscara*	[la máskara]
le matelas pneumatique	*la balsa*	[la bálsa]
mer calme	*mar calmado*	[már kalmádo]
mer agitée	*mar agitado*	[már ahitádo]
les palmes	*las palmas*	[las pálmas]
le parasol	*la sombrilla*	[la sombríya]
la planche à voile	*la plancha de vela*	[la plántcha de béla]
la planche de surf	*la plancha de agua*	[la plántcha de ágwa]
la raquette	*la raqueta*	[la rakéta]
le rocher	*el arrecife*	[el aresífe]
le sable	*la arena*	[la:réna]
les skis	*los esquís*	[los eskí]
le surveillant	*el vigilante*	[el bihilánte]
le voilier	*el velero*	[el beléro]

HÉBERGEMENT – *ALOJAMIENTO*

| balcon | *balcón* | [balkón] |
| bar | *bar* | [bár] |

bébé	*bebé*	[bebé]
boutiques	*tiendas*	[tyéndas]
bruit	*ruido, bulla*	[rwído | boúya]
bruyant	*ruidoso*	[rwidóso]
calme	*calmado*	[kalmádo]
chaise	*silla*	[síya]
chambre avec salle de bain	*habitación con baño*	[abitasyón kón bágno]
avec douche	*con ducha*	[kón doútcha]
avec baignoire	*con bañadera*	[kón bagnadéra]
chambre pour une personne	*habitación para una persona*	[abitasyón pára oúna persóna]
chambre pour deux personnes	*habitación para dos personas*	[abitasyón pára dós persónas]
cuisinette	*cocinita*	[kosiníta]
divan-lit	*sofá cama*	[sofá káma]
enfant	*niño*	[nígno]
fenêtre	*ventana*	[bentána]
intimité	*intimidad*	[intimidá]
lit deux places	*cama de dos plazas*	[káma de dós plásas]
lits jumeaux	*camas separadas*	[kámas separádas]
mini-bar	*minibar*	[minibár]
piscine	*piscina*	[pisína]
restaurant	*restaurante*	[restaouránte]
sèche-cheveux	*secador de pelo*	[sekadór de pélo]
studio	*estudio*	[estoúdyo]
suite	*suite*	[swít]

table	*mesa*	[mésa]
télécopieur	*telecopiadora*	[telekopyadóra]
téléphone	*teléfono*	[teléfono]
télévision	*televisión*	[telebisyón]
chaîne française	*canal francés*	[kanál fransés]
vue sur la mer	*vista al mar*	[vista al már]
vue sur la ville	*vista a la ciudad*	[vista a la syoudá]
vue sur la montagne	*vista a la montaña*	[vista a la montágna]
le chauffage	*la calefacción*	[la kalefaksyón]
la climatisation	*aire acondicionado, la climatización*	[áire acondisionádo la klimatisasyón]
le coffre de sécurité	*la caja de seguridad*	[la káha de segouridá]
une couverture	*una manta*	[oúna mánta]
un couvre-lit	*un cubrecama, una sobrecama*	[koubrekáma | sobrekama]
le drap	*la sábana*	[la sábana]
de la glace	*el hielo*	[el yélo]
la lumière	*la luz*	[la loús]
un oreiller	*una almohada*	[oúna almwáda]
l'eau purifiée	*agua purificada*	[ágwa pourifikada]
la radio	*la radio*	[la rádyo]
le réfrigérateur	*el refrigerador*	[el refriheradór]
les rideaux	*las cortinas*	[las kortínas]
du savon	*el jabón*	[el habón]
une serviette	*una toalla*	[úna toáya]

94

le store	la cortina, el estor	[la kortína | el estór]
une taie d'oreiller	una funda de almohada	[oúna foúnda de almoáda]
le téléviseur	el televisor	[el telebisór]
le ventilateur	el ventilador	[el bentiladór]
la cafetière	la cafetera	[kafetéra]
le congélateur	el congelador	[konheladór]
les couverts	los cubiertos	[koubyértos]
le fer à repasser	la plancha eléctrica	[plántcha eléktrika]
le four à micro-ondes	el horno microondas	[órno mikro:ndás]
l'hôtel-appartement (résidence hôtelière)	el hotel apartamento (hotel residencial)	[otél apartaménto | otél residensyál]
le lave-linge	la lavadora	[labadóra]
le lave-vaisselle	el lavaplatos	[lábaplátos]
la nappe	el mantel	[mantél]
la planche à repasser	la tabla de planchar	[tábla de plántchar]
le tire-bouchon	el tirabuzón, sacacorchos	[tirabousón | sákakórtchos]
la vaisselle	los platos, la vajilla	[plátos | bahíya]
Y a-t-il...	**¿Hay...**	**[ái]**
une piscine?	una piscina?	[oúna pisína]
un gymnase?	un gimnasio?	[oun gimnásyo]

un court de tennis?	*un terreno de tenis?*	[oun teréno de ténis]
un terrain de golf?	*un terreno de golf?*	[oun teréno de gólf]
une marina?	*una marina?*	[oúna marína]

Avez-vous une chambre libre pour cette nuit?
¿Tiene Ud. una habitación libre para esta noche?
[tyéne ousté oúna abitasyón líbre pára ésta nótche]

Quel est le prix de la chambre?
¿Cuál es el precio de la habitación?
[kwál es el présyo]

La taxe est-elle comprise?
¿El impuesto está incluido en el precio?
[el impwésto está inklwído en el présyo]

Nous voulons une chambre avec salle de bain
Queremos una habitación con baño
[kerémos oúna abitasyón kon bagno]

Le petit déjeuner est-il compris?
¿El desayuno está incluido?
[el desayoúno está inklwído]

Avez-vous des chambres moins chères?
¿Tiene Ud. habitaciones menos caras?
[tyéne ousté abitasyónes ménos káras]

Pouvons-nous voir la chambre?
¿Podemos ver la habitación?
[podémos vér la:bitasyón]

Je la prends
La tomo
[la tomo]

J'ai une réservation au nom de...?
¿Tengo una reservación a nombre de...?
[téngo oúna reserbasyón a nómbre de...]

On m'a confirmé le tarif de...?
¿Se me ha confirmado la tarifa de...?
[se me a konfirmádo la tarífa de...]

Est-ce que vous acceptez les cartes de crédit?
¿Acepta Ud. tarjeta de crédito?
[asépta ousté tarhéta de krédito]

Est-il possible d'avoir une chambre plus calme?
¿Es posible tener una habitación más tranquila?
[es posíble tenér oúna abitasyón más trankíla]

Où pouvons-nous garer la voiture?
¿Dónde podemos (estacionar, parquear) el carro?
[dónde podémos estasyonár el káro]

Quelqu'un peut-il nous aider à monter nos bagages?
¿Alguien puede ayudarnos a subir nuestro equipaje?
[álgyen pwéde ayoudárnos a subír el ekipáhe]

À quelle heure devons-nous quitter la chambre?
¿A qué hora debemos dejar la habitación?
[a ke óra debémos dehár la:bitasyón]

Peut-on boire l'eau du robinet?
¿Se puede tomar el agua de (la llave, la pila)?
[se pwéde tómar el ágwa de la yábe | de la píla]

De quelle heure à quelle heure le petit déjeuner est-il servi?
¿De qué hora a qué hora sirven el desayuno?
[de ke óra a ke óra sírben el desayoúno]

Pourrions-nous changer de chambre?
¿Podríamos cambiar de habitación?
[podríamos kambyár de abitasyón]

Nous voudrions une chambre moins bruyante
Quisiéramos una habitación menos ruidosa
[kisyéramos oúna abitasyón ménos rwidosa]

98

Nous voudrions une chambre avec vue sur la mer
Quisiéramos una habitación con vista al mar
[kisyéramos oúna abitasyón kon bísta al már]

Est-ce que nous pouvons avoir deux clés?
¿Podemos tener dos llaves?
[podémos tenér dós yábes]

Jusqu'à quelle heure la piscine est-elle ouverte?
¿Hasta qué hora está abierta la piscina?
[ásta ke óra está abyérta la pisína]

À partir de quelle heure peut-on aller à la piscine?
¿A partir de qué hora se puede ir a la piscina?
[a partír de ke óra se pwéde ir a la pisína]

Où pouvons-nous prendre des serviettes pour la piscine?
¿Dónde podemos tomar (pedir) toallas para la piscina?
[dónde podémos tomar | pedir | toáyas pára la pisína]

Y a-t-il un service de bar à la piscine?
¿Hay un servicio de bar en la piscina?
[ái oun serbísyo de bár en la pisína]

Quelles sont les heures d'ouverture du gymnase?
¿Cuáles son los horarios del gimnasio?
[kwáles son los oráryos del hymnasyo]

Y a-t-il un coffre-fort dans la chambre?
¿Hay una caja fuerte en la habitación?
[ái úna káha fwérte en la abitasyón]

Pouvez-vous me réveiller à...? (voir p 43)
¿Puede Ud. despertarme a...?
[pwéde ousté despertárme a...]

La climatisation ne fonctionne pas
El aire acondicionado no funciona
[El áire acondisionádo no founsyóna]

La cuvette des toilettes est bouchée
El baño está tupido (atascado)
[el bágno está toupído | ataskado]

Il n'y a pas de lumière
No hay luz
[no ái loús]

Puis-je avoir la clé du coffre de sécurité?
¿Puedo tener la llave del cofre de seguridad?
[pwédo tenér la yábe del kófre de segouridá]

Le téléphone ne fonctionne pas
El teléfono no funciona
[el teléfono no founsyóna]

Avez-vous des messages pour moi?
¿Tiene usted mensajes para mí?
[tyéne ousté mensáhes pára mí]

Avez-vous reçu un fax pour moi?
¿Recibió Ud. un fax para mí?
[resibyó usté oun faks pára mí]

Pouvez-vous nous appeler un taxi?
¿Puede Ud. llamarnos un taxi?
[pwéde ousté yamárnos oun táksi]

Pouvez-vous nous appeler un taxi pour demain à 6 h?
¿Puede Ud. llamarnos un taxi para mañana a las seis?
[pwéde ousté yamárnos oun táksi para magnána a las séys]

Nous partons maintenant
Partimos ahora
[Partímos ahóra]

Pouvez-vous préparer la facture?
¿Puede Ud. preparar la factura?
[pwéde ousté preparár la faktoúra]

Je crois qu'il y a une erreur sur la facture
Creo que hay un error en la factura
[kréo ke ái oun erór en la faktoúra]

On m'avait garanti le tarif de...
Se me había garantizado la tarifa de...
[se me abía garantisádo la tarífa de...]

Pouvez-vous faire descendre nos bagages?
¿Puede Ud. hacer bajar nuestro equipaje?
[pwéde ousté asér bahar nwéstro ekipáhe]

Pouvez-vous garder nos bagages jusqu'à...? (voir p 43)
¿Puede Ud. guardar nuestro equipaje hasta...?
[pwéde ousté gwardár nwéstro ekipáhe ásta...]

Merci pour tout, nous avons fait un excellent
séjour chez vous
*Gracias por todo, hemos pasado una excelente
estancia con ustedes*
[grásyas por tódo émos pasádo úna ekselénte
estánsya kon oustédes]

Nous espérons revenir bientôt
Esperamos volver pronto
[esperámos bolvér prónto]

La cuisine mexicaine
La cocina mexicana
[la kosína mehikána]

Pouvez-vous nous recommander un restaurant...
Puede recomendarnos un restaurante...
[pwéde rekomendárnos oun restaouránte]

chinois	*chino*	[tchino]
français	*francés*	[fransés]
indien	*indio*	[índyo]
italien	*italiano*	[italyáno]
japonais	*japonés*	[haponés]
mexicain	*mexicano*	[mehikáno]
près de la fenêtre	*cerca de la ventana*	[sérka de la bentána]
en haut	*arriba*	[aríba]
en bas	*abajo*	[abáho]
banquette	*banqueta*	[bankéta]
chaise	*silla*	[síya]
cuisine	*cocina*	[kosína]
fenêtre	*ventana*	[bentána]

salle à manger	comedor	[komedór]
terrasse	terraza	[terása]
toilettes	baño	[bágno]
table	mesa	[mésa]
petit déjeuner	desayuno	[desayoúno]
déjeuner	almuerzo	[almwérso]
dîner	cena, comida	[séna | komída]
entrée	entrante	[entránte]
soupe	sopa	[sópa]
plat	plato	[pláto]
plat principal	plato principal	[pláto prinsipál]
sandwich	sandwich, emparedado	[sangwítch | emparedádo]
salade	ensalada	[ensaláda]
fromage	queso	[késo]
dessert	postre	[póstre]
apéritif	aperitivo	[aperitíbo]
bière	cerveza	[serbésa]
carte des vins	carta de vinos	[kárta de bínos]
digestif	digestivo	[dihestíbo]
vin	vino	[bíno]
vin blanc	vino blanco	[bíno blánko]
vin maison	vino casero, de la casa	[bíno kaséro | de la kása]

vin rouge	*vino tinto*	[bíno tínto]
vin du pays	*vino del país*	[bíno del país]
bouteille	*botella*	[botéya]
demi-bouteille	*media botella*	[médya botéya]
un demi	*una media*	[úna médya]
un quart	*un cuarto*	[ún kwárto]
vin sec	*vino seco*	[bíno séko]
doux	*dulce*	[doúlse]
mousseux	*espumoso*	[espoumóso]
avec glaçons	*con hielo*	[kón yélo]
sans glaçons	*sin hielo*	[sín yélo]
café	*café*	[kafé]
café avec du lait	*café con leche*	[kafé kón létche]
coca	*Coca-Cola*	[kókakóla]
crème	*crema*	[kréma]
eau minérale	*agua mineral*	[ágwa minerál]
eau minérale pétillante	*agua mineral con soda*	[ágwa minerál kon sóda]
eau minérale	*agua mineral*	[ágwa minerál]
express	*expreso*	[ekspréso]
jus	*jugo*	[hoúgo]
jus d'orange	*jugo de naranja*	[hoúgo de naránha]

lait	*leche*	[létche]
sucre	*azúcar*	[asoúkar]
thé	*té*	[té]
tisane	*tisana*	[tisána]
sel	*sal*	[sál]
poivre	*pimienta*	[pimyénta]
sauce	*salsa*	[sálsa]
beurre	*mantequilla*	[mantekíya]
pain	*pan*	[pán]
épice (voir p 123)	*condimento, especie*	[kondiménto | espésye]
épicé	*picante, condimentado/a*	[pikánte | kondimentádo]
l'assiette	*el plato*	[el pláto]
le cendrier	*el cenicero*	[el seniséro]
le couteau	*el cuchillo*	[el koutchiyo]
la cuillère	*la cuchara*	[la koutchára]
la fourchette	*el tenedor*	[el tenedór]
le menu	*el menú*	[el menoú]
la serviette de table	*la servilleta*	[la serbiyéta]
la soucoupe	*el platillo*	[el platíyo]
la tasse	*la taza*	[la tása]
le verre	*el vaso*	[el báso]
abats	*menudos*	[menoúdos]

fruits (voir p 127)	*frutas*	[froútas]
fruits de mer	*mariscos*	[marískos]
grillades	*asados*	[asádos]
légumes (voir p 113)	*vegetales, legumbres*	[behetáles |legoúmbres]
noix	*nueces*	[noueses]
plats végétariens	*platos vegetarianos*	[plátos behetaryános]
poisson	*pescado*	[peskádo]
riz	*arroz*	[a<u>r</u>ós]
saucisse	*embutido, chorizo*	[emboutído| tchoríso]
venaison	*venado*	[benádo]
viande	*carne*	[kárne]
volaille	*aves*	[ábes]

à point (médium)	*punto medio*	[poúnto médyo]
bien cuit	*bien cocinado*	[byén kosinádo]
cru	*crudo*	[kroúdo]
farci	*relleno*	[<u>r</u>eyéno]
saignant	*sangriento*	[sangryénto]
rosé	*rojizo*	[<u>r</u>ohíso]

au charbon de bois	*al carbón*	[al karbón]
émincé	*cortado muy fino*	[kortádo mwí fíno]
au four	*al horno*	[al órno]
gratiné	*tostado, al horno*	[tostádo| al órno]

sur le gril	a la parrilla	[a la parríya]
pané	empanizado	[empanisádo]
à la poêle	a la sartén	[a la sartén]
rôti	asado	[asádo]

Ye voudrais faire une réservation pour quatre personnes
vers 20 heures

*Quisiera hacer una reservación para cuatro personas hacia
las 20 horas*

[kisyéra asér oúna reserbasyón pára kwátro persónas ásya
las beinte óras]

Je voudrais faire une réservation pour deux personnes
vers 20 heures

*Quisiera hacer una reservación para dos personas
a las 20 horas*

[kisyéra asér oúna reserbasyón pára kwátro persónas
a las beinte óras]

Est-ce que vous aurez de la place plus tard?

¿Tendrá Ud. una mesa más tarde?

[tendrá ousté ouna mesa más tárde]

Je voudrais réserver pour demain soir

Quisiera reservar para mañana por la noche

[kisyéra reserbár pára magnána por la notché]

Quelles sont les heures d'ouverture du restaurant?
¿Cuáles son los horarios en que está abierto
el restaurante ?
[kwáles són los oráryos en ke está abyerto el restauránte]

À quelle heure le restaurant ouvre-t-il?
¿A qué hora abre el restaurante?
[a ke óra ábre el restaouránte]

À quelle heure le restaurant ferme-t-il?
¿A qué hora cierra el restaurante?
[a ke óra syéra el restaouránte]

Acceptez-vous les cartes de crédit?
¿Acepta Ud. tarjetas de crédito?
[asépta ousté tarhétas de krédito]

J'aimerais voir le menu
Me gustaría ver el menú
[me goustaría ber el menoú]

Je voudrais une table sur la terrasse
Quiero una mesa en la terraza
[kyéro oúna mésa en la terása]

Pouvons-nous simplement prendre un verre?
¿Podemos simplemente tomar un trago?
[podémos símpleménte tómar oun trágo]

Pouvons-nous simplement prendre un café?
¿Podemos simplemente tomar un café?
[podémos símpleménte tómar oun kafé]

Je suis végétariene
Soy vegetariano (a)
[sói behetariáno | a]

Je ne mange pas de porc
No como puerco (cerdo)
[no kómo pwérko | sérdo]

Je suis allergique aux noix
Soy alérgico a las nueces
[sói alérhiko: las nwéses]

Je suis allergique aux œufs
Soy alérgico al huevo
[sói alérhiko al wébo]

Servez-vous du vin au verre?
¿Puedo tomar sólo un vaso de vino?
[pwédo tomar sólo oun baso de bino]

Petit déjeuner – *Desayuno*

café	*café*	[kafé]
confiture	*confitura, dulce*	[konfitoúra | doúlse]
crêpes	*arepas, tortillas, pancake*	[arépas | tortíyas| pankéi]
croissant	*cangrejo, media luna*	[kangrého | média loúna]
fromage	*queso*	[késo]
fromage frais (fromage blanc)	*queso fresco*	[késo frésko]
fruits (voir p 127)	*frutas*	[froútas]
gaufres	*gofres*	[gófres]
granola (musli)	*granola*	[granóla]
jus	*jugo, zumo*	[hoúgo|soúmo]
marmelade	*mermelada*	[mermeláda]
œufs	*huevos*	[wébos]
omelette	*tortilla*	[tortíya]
pain	*pan*	[pán]
pain de blé entier	*pan de trigo, pan negro*	[pán de trígo| pán négro]
pain doré (pain perdu)	*torreja, pan francés*	[toreha| pan francés]
toasts	*tostadas*	[tostádas]
viennoiserie	*pan de leche, de azúcar*	[pán de létche | de asúkar]

yaourt	*yogur*	[yogoúr]
arepas	crêpes	[arépas]
café	café	[kafé]
cangrejo	croissant	[kangrého]
confitura	confiture	[konfitoúra]
frutas	fruits	[froútas]
gofres	gaufres	[gófres]
granola	granola (musli)	[granóla]
huevos	œufs	[wébos]
jugo	jus	[hoúgo]
media luna	croissant	[média loúna]
mermelada	marmelade	[mermeláda]
pan (de leche, de azúcar)	viennoiserie	[pán de létche | de asoúkar]
pan	pain	[pán]
pan de trigo, pan negro	pain de blé entier	[pán de trígo| pán négro]
pan francés	pain doré	[pan francés]
queso	fromage	[késo]
queso fresco	fromage frais (fromage blanc)	[késo frésko]
torreja	pain doré (pain perdu)	[toreha]
tostadas	toasts	[tostádas]
yogur	yaourt	[yogoúr]
zumo	jus	[soúmo]

Légumes – *Vegetales*

ail	*ajo*	[áho]
asperges	*espárragos*	[espárago]
aubergines	*berenjenas*	[berenhénas]
avocat	*aguacate*	[agwakáte]
brocoli	*brócoli, brécol*	[brókoli|brékol]
cactus	*cactus, nopal*	[káktous	nopal]
carotte	*zanahoria*	[sanaórya]
céleri	*apio*	[ápyo]
champignon	*hongo, champiñón*	[óngo	tchampignón]
chou	*col, repollo*	[kól	repóyo]
chou-fleur	*coliflor*	[koliflór]
choux de Bruxelles	*col de Brusela*	[kól de brouséla]
concombre	*pepino*	[pepíno]
courge	*calabaza*	[kalabása]
courgette	*calabacilla/cita*	[kalabasíya	kalabasíta]
cresson	*berro*	[bérro]
épinards	*espinaca*	[espináka]
fenouil	*hinojo*	[inóho]
fève	*frijoles tiernos*	[frihóles tyérnos]
haricot	*frijoles, porotos, habichuelas*	[frihóles	porótos	abitchwélas]
laitue	*lechuga*	[letchoúga]
maïs	*maíz*	[maís]

navet	*nabo*	[nabo]
ocra	*quimbombó, quiambo, quingambó, gombó*	[kimbombó | kiámbo | kingambó | gombó]
oignon	*cebolla*	[sebóya]
piment	*ají*	[ahí]
poireau	*cebollino*	[seboyíno]
pois	*judía, porotos*	[houdías | porótos]
pois chiche	*garbanzo*	[garbánso]
pois mange-tout	*habichuelas*	[abitchwélas]
poivron	*pimiento*	[pimiénto]
pommes de terre	*papas*	[pápas]
radis	*rábanos*	[rábanos]
tomate	*tomate*	[tomáte]
aguacate	avocat	[agwakáte]
ají	piment	[ahí]
ajo	ail	[áho]
apio	céleri	[ápyo]
berenjenas	aubergines	[berenhénas]
berro	cresson	[bério]
brócoli	brocoli	[brókoli
brécol	brocoli	brékol]
cactus	cactus	[káktous]
calabaza	courge	[kalabása]

calabacilla/ cita	courgette	[kalabasíya | kalabasíta]
cebolla	oignon	[sebóya]
cebollino	poireau	[seboyíno]
champiñón	champignon	[tchampignón]
col	chou	[kól]
col de Brusela	choux de Bruxelles	[kól de brouséla]
coliflor	chou-fleur	[koliflór]
espárragos	asperges	[espárago]
espinaca	épinards	[espináka]
judía	pois	[houdías]
frijoles tiernos	fève	[frihóles tyérnos]
frijoles	haricot	[frihóles]
garbanzo	pois chiche	[garbánso]
gombó	ocra	[gombó]
habichuelas	pois mange-tout	[abitchwélas]
hinojo	fenouil	[inóho]
hongo	champignon	[óngo]
lechuga	laitue	[letchoúga]
maíz	maïs	[maís]
nabo	navet	[nabo]
nopal	cactus	[nopal]
papas	pommes de terre	[pápas]
pepino	concombre	[pepíno]
pimiento	poivron	[pimiénto]
porotos	pois	[porótos]

RESTAURANT

quimbombó, *quiambo,* *quingambó*	ocra	[kimbombó | kiámbo | kingambó]
rábanos	radis	[rábanos]
repollo	chou	[repóyo]
tomate	tomate	[tomáte]
zanahoria	carotte	[sanaórya]

Viandes – *Carnes*

---

agneau	*cordero*	[kordéro]
bifteck	*bistec, bisté*	[bifték | bisté]
bœuf	*res, vaca*	[rés | báka]
boudin	*morcilla*	[morsíya]
boulette	*albóndigas*	[albóndigas]
brochette	*al pincho*	[al píntcho]
caille	*codorniz*	[kodornís]
canard	*pato*	[páto]
cerf	*ciervo*	[syérbo]
cervelle	*seso*	[séso]
chapon	*pollo de cría*	[póyo de kría]
chèvre	*cabra*	[kábra]
chevreau	*cabrito*	[kabríto]
côtelette	*costilla*	[kostíya]
cubes	*cubos*	[koúbos]
cuisse	*muslo*	[moúslos]

dinde	*guanajo, pavo*	[gwanáho | pábo]
entrecôte	*entrecote solomillo*	[entrekóte | solomíyo]
escalope	*escalope*	[eskalópe]
filet	*filete*	[filéte]
foie	*hígado*	[ígado]
fumé	*ahumado*	[aoumádo]
grillade	*asado*	[asádo]
haché	*picado/a*	[pikádo]
iguane	*iguana*	[igwána]
jambon	*jamón*	[hamón]
jarret	*patas, corva*	[patas | kórba]
langue	*lengua*	[léngwa]
lapin	*conejo*	[koného]
lièvre	*liebre, mará (Argentina)*	[lyébre | mará]
magret	*filete de pato*	[filéte de páto]
oie	*ganso/a*	[gánso|a]
pattes	*patas*	[pátas]
perdrix	*perdiz*	[perdís]
poitrine	*pechuga*	[petchoúga]
porc	*puerco, cerdo*	[pwérko | serdo]
poulet	*pollo*	[póyo]
riz	*arroz*	[arós]
rognons	*riñones*	[rignónes]
sanglier	*jabalí, puerco salvaje*	[habalí | pwérko salbahe]
tartare	*tártara*	[tártara]

tranche	*cortado, picado*	[kortádo| pikádo]
veau	*ternero*	[ternéro]
ahumado	fumé	[aoumádo]
al pincho	brochette	[al píntcho]
albóndigas	boulette	[albóndigas]
arroz	riz	[arós]
asado	grillade	[asádo]
biftec	bifteck	[bifték]
cabra	chèvre	[kábra]
cabrito	chevreau	[kabríto]
cerdo	porc	[serdo]
ciervo	cerf	[syérbo]
codorniz	caille	[kodornís]
conejo	lapin	[koného]
cordero	agneau	[kordéro]
cortado	tranche	[kortádo]
corva	patte	[kórba]
costilla	côtelette	[kostíya]
cubos	cubes	[koúbos]
entrecote	entrecôte	[entrekóte]
ernero	veau	[ternéro]
escalope	escalope	[eskalópe]
filete	filet	[filéte]
filete de pato	magret	[filéte de páto]
ganso/a	oie	[gánso|a]
guanajo	dinde	[gwanáho]

hígado	foie	[ígado]
iguana	iguane	[igwána]
jabalí	sanglier	[habalí]
jamón	jambon	[hamón]
lengua	langue	[léngwa]
liebre	lièvre	[lyébre]
morcilla	boudin	[morsíya]
muslo	cuisse	[moúslos]
patas	pattes, jarret	[pátas]
pato	canard	[páto]
pavo	dinde	[pábo]
pechuga	poitrine	[petchoúga]
perdiz	perdrix	[perdís]
picado/a	poitrine haché, tranché	[pikádo]
pollo	poulet	[póyo]
pollo de cría	chapon	[póyo de kría]
puerco	porc	[pwérko]
puerco salvaje	sanglier	[pwérko salbahe]
res	bœuf	[rés]
riñones	rognons	[rignónes]
seso	cervelle	[séso]
solomillo	entrecôte	[solomíyo]
tártara	tartare	[tártara]
vaca	bœuf	[báka]

Poissons et fruits de mer –
Pescados y mariscos

anchois	*anchoas*	[antchóas]
anguille	*anguila*	[anguíla]
bar	*bar*	[bár]
calmar	*calamar*	[kalamár]
colin	*merluza*	[merloúsa]
crabe	*cangrejo*	[kangrého]
crevettes	*camarones, gambas*	[kamarónes | gambás]
darne	*rodaja*	[rodaha]
escargot	*cobo, caracol*	[kóbo | karakól]
espadon	*espadón*	[espadón]
filet	*filete*	[filéte]
hareng	*arenque*	[arénke]
homard	*langosta grande, cobrajo*	[langósta gránde | kobráho]
huîtres	*ostras*	[óstra]
langouste	*langosta*	[langósta]
langoustine	*langostín, langostino*	[langostín | langostíno]
loup de mer	*lobo de mar*	[lóbo de már]
merlan	*merlán*	[merlán]
morue	*bacalao*	[bakaláo]
oursin	*erizo*	[eríso]
palourdes	*cobo, caracol*	[kóbo | karakól]
pétoncles	*pechina*	[petchina]

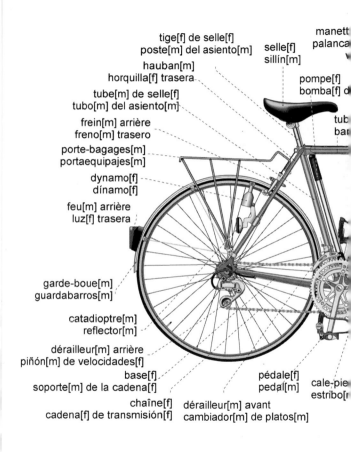

tige[f] de selle[f]
poste[m] del asiento[m]

selle[f]
sillín[m]

manett
palanca

hauban[m]
horquilla[f] trasera

pompe[f]
bomba[f] d

tube[m] de selle[f]
tubo[m] del asiento[m]

tub
bar

frein[m] arrière
freno[m] trasero

porte-bagages[m]
portaequipajes[m]

dynamo[f]
dínamo[f]

feu[m] arrière
luz[f] trasera

garde-boue[m]
guardabarros[m]

catadioptre[m]
reflector[m]

dérailleur[m] arrière
piñón[m] de velocidades[f]

base[f]
soporte[m] de la cadena[f]

pédale[f]
pedal[m]

cale-pie
estribo[

chaîne[f]
cadena[f] de transmisión[f]

dérailleur[m] avant
cambiador[m] de platos[m]

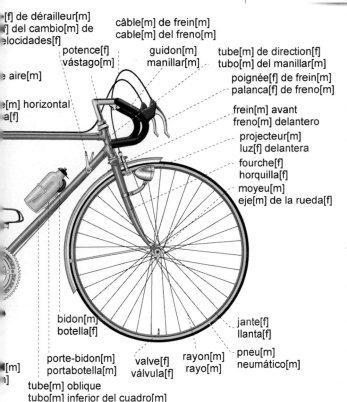

[f] de dérailleur[m]
[f] del cambio[m] de
elocidades[f]

câble[m] de frein[m]
cable[m] del freno[m]

potence[f]
vástago[m]

guidon[m]
manillar[m]

tube[m] de direction[m]
tubo[m] del manillar[m]

e aire[m]

poignée[f] de frein[m]
palanca[f] de freno[m]

e[m] horizontal
a[f]

frein[m] avant
freno[m] delantero

projecteur[m]
luz[f] delantera

fourche[f]
horquilla[f]

moyeu[m]
eje[m] de la rueda[f]

bidon[m]
botella[f]

jante[f]
llanta[f]

porte-bidon[m]
portabotella[m]

valve[f]
válvula[f]

rayon[m]
rayo[m]

pneu[m]
neumático[m]

tube[m] oblique
tubo[m] inferior del cuadro[m]

[m]
]

pieuvre	*pulpo pequeño*	[poúlpo pekégno]
poulpe	*pulpo*	[poúlpo]
raie	*raya*	[ráya]
requin	*tiburón*	[tibourón]
rouget	*salmonete*	[salmonéte]
sardines	*sardinas*	[sardínas]
saumon	*salmón*	[salmón]
saumon fumé	*salmón ahumado*	[salmón aoumádo]
sole	*lenguado*	[lengwádo]
thon	*atún*	[atoún]
truite	*trucha*	[troútcha]
turbo	*turbo*	[toúrbo]
vivaneau	*rabi rubia, huachinango*	[rabi roubya | watchinango]

anchoas	anchois	[antchóas]
anguila	anguille	[anguíla]
arenque	hareng	[arénke]
atún	thon	[atoún]
bacalao	morue	[bakaláo]
bar	bar	[bár]
calamar	calmar	[kalamár]
cangrejo	crabe	[kangrého]
camarones	crevettes	[kamarónes]
cobo	palourdes	[kóbo]
cobrajo	homard	[kobrího]

caracol	escargot	[karakól]
erizo	oursin	[eríṣo]
espadón	espadon	[espadón]
filete	filet	[filéte]
gambas	crevettes	[gambás]
huachinango	vivaneau	[watchinango]
langosta	langouste	[langósta]
langosta grande	homard	[langósta gránde]
langostín, langostino	langoustine	[langostín | langostíno]
lenguado	sole	[lengwádo]
lobo de mar	loup de mer	[lóbo de már]
merlán	merlan	[merlán]
merluza	colin	[merloúsa]
ostras	huîtres	[óstra]
petchina	pétoncles	[petchína]
pulpo	poulpe	[poúlpo]
pulpo pequeño	pieuvre	[poúlpo pekégno]
rabi rubia	vivaneau	[rabiroubya]
raya	raie	[ráya]
rodaja	darne	[rodaha]
salmón	saumon	[salmón]
salmón ahumado	saumon fumé	[salmón aoumádo]
salmonete	rouget	[salmonéte]
sardinas	sardines	[sardínas]
tiburón	requin	[tibourón]

trucha	truite	[troútcha]
turbo	turbo	[toúrbo]

Épices, herbes et condiments – *Especies, yerbas y condimentos*

basilic	*hierba buena*	[yérba bwéna]
cannelle	*canela*	[kanéla]
coriandre	*culantro, cilantro*	[koulántro| silántro]
curry	*curry*	[koúri]
gingembre	*jengibre*	[henhíbre]
ketchup	*ketchup*	[kettchoúp]
menthe	*menta*	[ménta]
moutarde douce	*mostaza suave*	[mostása swábe]
moutarde forte	*mostaza fuerte, picante*	[mostása fwérte| pikánte]
muscade	*nuez moscada*	[nwés moskáda]
oseille	*acedera*	[asedéra]
poivre	*pimienta*	[pimyénta]
poivre rose	*pimienta roja*	[pimyénto róha]
romarin	*romerillo*	[romeríyo]
sauce Tabasco	*salsa de tabasco*	[sálsa de tabásko]
sauce soya	*salsa de soja, china*	[sálsa de sóya | tchína]
sauge	*salvia*	[sálbya]
thym	*tomillo*	[tomíyo]
vinaigre	*vinagre*	[vinágre]

acedera	oseille	[asedéra]
canela	cannelle	[kanóla]
culantro, cilantro	coriandre	[koulántro | silántro]
curry	curry	[koúri]
hierba buena	basilic	[yérba bwéna]
jengibre	gingembre	[henhíbre]
ketchup	ketchup	[kettchoúp]
menta	menthe	[ménta]
mostaza suave	moutarde douce	[mostása swábe]
mostaza fuerte, picante	moutarde forte	[mostása fwérte | pikánte]
nuez moscada	muscade	[nwés moskáda]
pimienta	poivre	[pimyénta]
pimienta roja	poivre rose	[pimyénto róha]
romerillo	romarin	[romeríyo]
salsa de tabasco	sauce Tabasco	[sálsa de tabásko]
salsa de soja, china	sauce soya	[sálsa de sóya | tchína]
salvia	sauge	[sálbya]
tomillo	thym	[tomíyo]
vinagre	vinaigre	[vinágre]

Le goût – *El sabor*

---

amer	*amargo*	[amárgo]
doux	*dulce*	[doúlse]

épicé	*picante*	[pikánte |
	condimentado	kondimentádo]
fade	*sin sabor*	[sín sabór]
piquant	*picante*	[pikánte]
poivré	*pimentado*	[pimentádo]
salé	*salado*	[saládo]
sucré	*dulce*	[doúlse]
amargo	amer	[amárgo]
dulce	doux	[doúlse]
condimentado	épicé	[kondimentádo]
sin sabor	fade	[sín sabór]
picante	piquant	[pikánte]
pimentado	poivré	[pimentádo]
salado	salé	[saládo]
dulce	sucré	[doúlse]

Desserts – *Postres*

---

caramel	*caramelo*	[karamélo]
chocolat	*chocolate*	[tchokoláte]
crème-dessert	*crema postre natillas*	[kréma póstre | natiyas]
flan	*flan*	[flán]
gâteau	*pastel, cake*	[pastél | kéj]
glace (crème glacée)	*helado*	[eládo]

meringue	*merengue*	[meréngue]
mousse au chocolat	*mousse de chocolate*	[mousse de tchokoláte]
pâtisserie	*dulcería*	[doulsería]
sorbet	*sorbeto, sorbete*	[sorbéto | sorbéte]
tarte	*torta, pastel*	[tórta | pastél]
vanille	*vainilla*	[bayníya]

caramelo	caramel	[karamélo]
cake	gâteau	[kéi]
chocolate	chocolat	[tchokoláte]
crema postre	crème-dessert	[kréma póstre]
flan	flan	[flán]
pastel	gâteau	[pastél]
helado	glace (crème glacée)	[eládo]
merengue	meringue	[meréngue]
mousse de chocolate	mousse au chocolat	[mousse de tchokoláte]
dulcería	pâtisserie	[doulsería]
sorbeto, sorbete	sorbet	[sorbéto | sorbéte]
torta	tarte	[tórta]
vainilla	vanille	[bayníya]

Fruits – *Frutas*

abricot	*albaricoque*	[albarikoke]
ananas	*piña*	[pígna]
banane	*plátano fruta*	[plátano froúta]
carambole	*carambola, pera china*	[karambóla | péra tchína]
cerise	*cereza*	[serésa]
citron	*limón*	[limón]
citrouille (potiron)	*calabaza*	[kalabása]
clémentine	*mandarina*	[mandarína]
corrosol	*guanábana*	[gwanábana]
coco	*coco*	[kóko]
fraise	*fresas*	[frésas]
framboise	*frambuesa*	[franbwésas]
fruit de la passion	*murucuyá*	[mouroucoujá]
goyave	*guayaba*	[gouayába]
griotte	*guinda*	[gouínda]
kiwi	*kiwi*	[kígwi]
lime	*lima*	[líma]
mandarine	*mandarina*	[mandarína]
mangue	*mango*	[mángo]
melon	*melón*	[melón]
mûr (e)	*maduro/a*	[madoúro |a]
mûre	*mora*	[móra]
vert	*verde*	[bérde]

RESTAURANT

orange	*naranja*	[naránha]
pamplemousse	*toronja*	[torónia]
papaye	*papaya*	[papáya]
pêche	*melocotón*	[melokotón]
plantain	*plátano*	[plátano]
poire	*pera*	[péra]
pomelo	*toronja grande*	[torónja gránde]
pomme	*manzana*	[mansána]
prune	*ciruela*	[sirwéla]
raisin	*uva*	[oúba]
tangerine	*tangerina, mandarina roja*	[tanyerína | mandarína róha]

calabaza	citrouille (potiron)	[kalabása]
carambola	carambole	[karambóla]
cereza	cerise	[serésa]
ciruela	prune	[sirwéla]
coco	coco	[kóko]
frambuesa	framboise	[franbwésas]
fresas	fraise	[frésas]
guanábana	corrosol	[gwanábana]
guayaba	goyave	[gouayába]
guinda	griotte	[gouínda]
kiwi	kiwi	[kígwi]
lima	lime	[líma]
limón	citron	[limón]
maduro/a	mûr(e)	[madoúro | a]

mandarina	clémentine, mandarine	[mandarína]
mango	mangue	[mángo]
manzana	pomme	[mansána]
melocotón	pêche	[melokotón]
melón	melon	[melón]
murucuyá	fruit de la passion	[mouroucouyá]
naranja	orange	[naránha]
papaya	papaye	[papáya]
pera	poire	[péra]
piña	ananas	[pígna]
plátano	plantain	[plátano]
plátano fruta	banane	[plátano froúta]
tangerina	tangerine	[tanyerína]
toronja	pamplemousse	[torónha]
toronja grande	pomelo	[torónha gránde]
uva	raisin	[oúba]
verde	vert	[bérde]

Nous n'avons pas eu...
No hemos tenido...
[no émos tenído]

J'ai demandé...
Pedí
[pedí]

C'est froid
Está frío
[está frío]

C'est trop salé
Está muy salado
[está mwi saládo]

Ce n'est pas frais
No está fresco
[no está frésko]

L'addition, s'il vous plaît
La cuenta, por favor
[la kwénta, por fabór]

Le service est-il compris?
¿El servicio está incluido?
[el serbísyo está inclouído]

Merci, ce fut un excellent repas
Gracias, fue una excelente comida
[grásyas fwé oúna ekselénte komída]

Merci, nous avons passé une très agréable soirée
Gracias, hemos pasado una agradable velada (noche)
[grásyas émos pasádo oúna agradáble beláda | nótche]

Divertissements – *Diversión*

---

ballet	*ballet*	[balé]
baseball	*béisbol, pelota*	[béisból | pelóta]
billetterie	*taquilla*	[takíya]
cinéma	*cine*	[síne]
concert	*concierto*	[konsyérto]
danse folklorique	*danza folklórica*	[dánza folklórika]
entracte	*entreacto*	[entreákto]
folklore	*folklore*	[folklór]
guichet	*taquilla*	[takíya]
hockey	*hockey*	[óki]
intermission	*intermisión, interrupción*	[intermisyón | interoupsyón]
opéra	*ópera*	[ópera]
programme	*programa*	[prográma]
siège	*asiento*	[asyénto]
siège réservé	*asiento reservado*	[asyénto reservado]
soccer	*fútbol*	[foútbol]
spectacle	*espectáculo*	[espektákoulo]
tauromachie	*tauromaquia*	[taouromákía]
théâtre	*teatro*	[teátro]

toréador   *torero*   [torero]

Les places les moins chères
Los asientos más baratos
[los asyéntos más barátos]

Les meilleures places
Los mejores lugares
[los mehóres lougáres]

Je voudrais... places
Quisiera... puestos
[kisyéra ... pwéstos]

Est-ce qu'il reste des places pour...?
¿Quedan asientos para...?
[kédan asyéntos]

Quels jours présente-t-on...?
¿Qué día presentan...?
[ké día preséntan...]

Est-ce en version originale?
¿Es en versión original?
[es en bersyón orihinál]

132

Est-ce sous-titré?

¿Está subtitulado?

[está soubtitouládo]

La vie nocturne – *La vida nocturna*

---

l'apéritif	*el aperitivo*	[el aperitíbo]
bar	*bar*	[bár]
bar gay	*bar de gays*	[bár de géi]
bar lesbien	*bar de lesbianas*	[bár de lesbyánas]
barman	*barman, camarero*	[bárman, camarero]
boîte de nuit	*cabaré, dáncing*	[kabaré, dánsin]
chanteur	*cantante*	[kantánte]
consommation	*consumo*	[konsoúmo]
danse	*baile*	[báyle]
discothèque	*discoteca*	[diskotéka]
entrée (\$)	*entrada*	[entráda]
jazz	*jazz*	[yás]
le milieu gay	*el ambiente gay*	[el ambyénte géi]
musicien	*músico*	[moúsiko]
musique en direct	*música en vivo*	[moúsika en vivo]
partie	*fiesta*	[fyésta]
piste de danse	*pista, plataforma (de baile)*	[písta | platafórma | de báyle]
strip-tease	*strip-tease*	[estritís]

travesti	*travesti*	[trabésti]
un verre	*un trago*	[oun trágo]
alcool	*alcohol*	[alkól]
apéritif	*aperitivo*	[aperitíbo]
bière	*cerveza*	[serbésa]
boisson importée	*bebida importada*	[bebída importáda]
boisson nationale	*bebida nacional*	[bebída nasyonál]
coca	*coca-cola*	[kókakóla]
digestif	*digestivo*	[dihestíbo]
eau minérale	*agua mineral*	[ágwa minerál]
eau minérale gazeuse	*agua mineral gaseosa*	[ágwa minerál gaseósa]
jus d'orange	*jugo de naranja*	[hoúgo de naránha]
soda	*soda*	[sóda]
tequila	*tequila*	[tekíla]
vermouth	*vermú*	[vermoú]
vin	*vino*	[bíno]

Rencontres – *Encuentros*

---

affectueux	*cariñoso*	[karignoso]
beau/ belle	*bonito/a, guapo/a, hermoso/a*	[boníto | gwápo | ermóso]
célibataire	*soltero/a*	[soltéro]

charmant/ charmante	*encantador/a*	[enkantadór]
compliment	*cumplimientos*	[koumplimiéntos]
conquête	*conquista*	[konkísta]
couple	*pareja*	[paréha]
discret/discrète	*discreto/a*	[diskréto]
divorcé/divorcée	*divorciado/a*	[diborsyádo]
draguer	*ligar*	[ligar]
enchanté/ enchantée	*encantado/a*	[enkantádo]
fatigué/fatiguée	*fatigado/a*	[fatigádo]
femme	*mujer*	[mouhér]
fidèle	*fiel*	[fiél]
fille	*chica, muchacha*	[tchika | moutchátcha]
garçon	*chico, muchacho*	[tchiko | moutchátcho]
gay	*gay, homosexual*	[géi | omosekswál]
grand/grande	*grande*	[gránde]
homme	*hombre*	[ómbre]
invitation	*invitación*	[inbitasyón]
inviter	*invitar*	[inbitár]
ivre	*borracho, ebrio, curda*	[borátcho | ébrio | kourda]
jaloux/jalouse	*celoso/a*	[selóso]
jeune	*joven*	[hóben]
joli/jolie	*bonito/a, lindo/a*	[boníto | línda]
jouer au billard	*jugar al billar*	[hougár al biyár]

laid/laide	feo/a	[féo]
macho	macho	[mátcho]
marié/mariée	casado/a	[kasádo]
mignon/ mignonne	bonito/a, hermoso/a	[boníto | hermóso]
personnalité	personalidad	[personalidá]
petit/petite	pequeño/a	[pekégno]
prendre un verre	tomar (darse) un trago	[tomar | dárse | oun trágo]
rendez-vous	cita	[síta]
santé (pour trinquer)	¡salud!	[saloú]
séparé/séparée	separado/a	[separádo]
seul/seule	solo/a	[sólo]
sexe sûr	sexo seguro	[sékso segoúro]
sexy	sexy	[séksi]
sympathique	simpático	[simpátiko]
vieux/vieille	viejo/a	[byého]

Comment allez-vous?
¿Cómo está usted?
[kómo está ousté]

Très bien, et vous?
¿Muy bien, y usted?
[mwí byén i ousté]

Je vous présente...
Le presento a...
[le presénto a...]

Pourriez-vous me présenter à cette demoiselle?
¿Podría usted presentarme a esa muchacha?
[podría ousté presentárme a ésa moutchátcha]

À quelle heure la plupart des gens viennent-ils?
¿A qué hora viene la mayoría de las personas?
[a ke óra bjéne la mayoría de las persónas]

À quelle heure est le spectacle?
¿A qué hora es el espectáculo?
[a ke óra es el espéktákoulo]

Bonsoir, je m'appelle Claude
Buenas noches, me llamo Claude
[bwénas nótches me yámo klód]

Est-ce que cette musique te plaît?
¿Te gusta esa música?
[te goústa ésa moúsika]

Je suis hétérosexuel
Soy heterosexual
[sói eterosekswál]

Je suis gay
Soy gay, homo
[sói géi]

Je suis lesbienne
Soy lesbiana
[sói lesbyána]

Je suis bi-sexuel (le)
Soy bisexual
[sói bisekswál]

Est-ce que c'est ton ami, là-bas?
¿Aquél es tu amigo?
[akél es tou amígo]

Lequel?	*¿Cuál?*	[kwál]
le blond	*el rubio*	[el roúbyo]
le roux	*el pelirrojo*	[el peliróho]
le brun	*el moreno*	[el moreno]

Est-ce que tu prends un verre?
¿Tomas un trago?
[tómas oun trágo]

Qu'est-ce que tu prends?
¿Qué vas a tomar?
[ke bás a tómar]

De quel pays viens-tu?
¿De qué país vienes tú?
[de ke país byénes toú]

Es-tu ici en vacances ou pour le travail?
¿Estás aquí de vacaciones o por trabajo?
[estás akí de bakasyónes o por trabáho]

Que fais-tu dans la vie?
¿Qué haces en la vida?
[ke áses en la vída]

Tu habites ici depuis longtemps?
¿Vives aquí desde hace tiempo?
[bíbes akí désde áse tyémpo]

Ta famille vit-elle également ici?
¿Tu familia vive también aquí?
[tou famílya bíbe tambyén akí]

As-tu des frères et sœurs?
¿Tienes hermanos?
[tyénes ermános]

Est-ce que tu viens danser?
¿Vienes a bailar?
[byénes a baylár]

Cherchons un endroit tranquille pour bavarder
Busquemos un lugar tranquilo para charlar
[bouskémos oun lougár trankílo pára tcharlár]

Tu es bien mignon(ne)
Eres muy lindo/a, bonito/a, hermoso/a
[éres mwi líndo/a | boníto/a | hermóso/a]

As-tu un ami (une amie)?
¿Tienes un amigo/a?
[tyénes oun amígo/a]

Quel dommage!
¡Que lástima!
[ke lástima]

Aimes-tu les garçons (les filles)?
¿Te gustan los hombres (las mujeres)?
[te goústan los ómbres | las muhéres]

As-tu des enfants?
¿Tienes hijos?
[tyénes íhos]

Pouvons-nous nous revoir demain soir?
¿Podemos volver a vernos mañana por la noche?
[podémos bolbér a bérnos magnána por la nótche]

Quand pouvons-nous nous revoir?
¿Cuándo podemos volver a vernos?
[kwándo podémos bolbér a bérnos]

J'aimerais t'inviter à dîner demain soir
Me gustaría invitarte a comer mañana por la noche
[me goustaría imbitárte a komér magnána por la nótche]

Tu viens chez moi?
¿Vienes a mi casa?
[byénes a mi kása]

Pouvons-nous aller chez toi?
¿Podemos ir a tu casa?
[podémos ir a tou kása]

J'ai passé une excellente soirée avec toi
He pasado una excelente noche contigo
[he pasádo oúna ekselénte nótche kontígo]

À quelle heure ouvrent les boutiques?
¿A qué hora abren las tiendas?
[a ke óra ábren las tyéndas]

À quelle heure ferment les boutiques?
¿A qué hora cierran las tiendas?
[a ke óra syéran las tyéndas]

Est-ce que les boutiques sont ouvertes aujourd'hui?
¿Las tiendas están abiertas hoy?
[las tyéndas están abyértas ói]

À quelle heure fermez-vous?
¿A qué hora cierra usted?
[a ke óra syéra ousté]

À quelle heure ouvrez-vous demain?
¿A qué hora abre usted mañana?
[a ke óra ábre ousté magnána]

Avez-vous d'autres succursales?
¿Tiene usted otras sucursales?
[tyéne ousté ótras soukoursáles]

Quel est le prix?
¿Cuál es el precio?
[kwál es el présyo]

Combien cela coûte-t-il?
¿Eso cuánto es (cuesta)?
[éso kwánto es | kwésta]

En avez-vous des moins chers?
¿Tiene más baratos?
[tyéne más barátos]

Je cherche une boutique de...?
Busco una tienda de...
[búsko oúna tyénda de...]

Où se trouve le supermarché le plus près d'ici?
¿Dónde se encuentra el supermercado más cercano?
[dónde se enkwéntra el soupermerkádo más serkáno]

centre commercial	*centro comercial*	[séntro komersyál]
marché	*mercado*	[merkádo]
boutique	*tienda*	[tyénda]
cadeau	*regalo*	[regálo]
carte postale	*tarjeta postal*	[tarhéta postál]

| timbres | *sellos, estampillas* | [séyos \| estampiyas] |
| vêtements | *ropas, vestidos* | [rópa \| bestídos] |

Spécialités – *Varios*

Agent de voyages   *agente de viaje*   [ahénte de byáhe]

Je voudrais modifier ma date de retour
Quisiera modificar mi fecha de regreso
[kisyéra modifikár mi fétcha de regréso]

Je voudrais acheter un billet pour...
Quisiera comprar un billete para...
[kisyéra komprár oun biyéte pára...]

| aliments naturels | *alimentos naturales* | [aliméntos natouráles] |
| appareils électroniques | *aparatos electrónicos* | [aparátos elektrónikos] |

Je voudrais une nouvelle pile pour...
Quisiera una pila nueva para...
[kisyéra ouna píla nwéba pára]

| artisanat | *artesanía* | [artesanía] |
| boucherie | *carnicería* | [karnisería] |

144

buanderie	*lavandería*	[labandería]
chaussures	*zapatos*	[sapátos]
coiffeur	*peluquero*	[peloukéro]
disquaire	*tienda de discos*	[tyénda de dískos]

Avez-vous un disque de...?
¿Tiene un disco de ...?
[tyéne oun dísko de...]

Quel est le plus récent disque de...?
¿Cuál es el disco más reciente de..?
[kwál es el dísko más resyénte de...]

Est-ce que je peux l'écouter?
¿Lo puedo escuchar?
[lo pwédo eskoutchár]

Pouvez-vous me dire qui chante?
¿Puede decirme quién canta?
[pwéde desírme kyén kánta]

Avez-vous un autre disque de...?
¿Tiene otro disco de...?
[tyéne ótro dísko de...]

| Équipement photographique | *Equipo de fotografía* | [ekípo de fotografía] |
| Équipement informatique | *Equipo de informática* | [ekípo de informátika] |

Faites-vous les réparations?
¿Hace reparaciones ...?
[áse reparasyónes ...]

Comment/où puis-je me brancher sur l'internet?
¿Cómo (dónde) puedo conectarme con Internet?
[kómo|dónde | pwédo konektárme kón internét]

équipement sportif	*equipo deportivo*	[ekípo deportíbo]
jouets	*juegos*	[hwégos]
librairie	*librería*	[librería]
atlas routier	*libro de carreteras*	[libro de karetéras]
beau livre	*libro con ilustraciones*	[líbro con iloustrasiónes]
carte	*mapa*	[mápa]
carte plus précise	*mapa más preciso*	[mápa más presíso]
dictionnaire	*diccionario*	[diksyonáryo]
guide	*guía*	[guía]
journaux	*diarios, periódicos*	[dyáryos]
littérature	*literatura*	[literatoúra]
livre	*libro*	[líbro]

magazines	*revistas*	[rebístas]
poésie	*poesía*	[poesía]
répertoire des rues	*repertorio de calles*	[repertóryo de káyes]

Avez-vous des livres en français?
¿Tiene libros en francés?
[tyéne líbros en fransés]

marché d'alimentation	*mercado de alimentos*	[merkádo de aliméntos]
marché d'artisanat	*mercado de artesanía*	[merkádo de artesanía]
marché public	*mercado público*	[merkádo poúbliko]
nettoyeur à sec	*lavado en seco*	[labádo en séko]

Pouvez-vous laver et repasser cette chemise pour demain?
¿Puede lavar y planchar esta camisa para mañana?
[pwéde lábar i plántchar ésta kamísa pára magnána]

| oculiste | oculista | [okoulísta] |

J'ai brisé mes lunettes
Rompí mis gafas (espejuelos, lentes)
[rompí mís gáfas|espehwélos | léntes]

Je voudrais faire remplacer mes lunettes
Quisiera cambiar mis espejuelos (gafas)
[kisyéra kambyar mis espehwélos | gáfas]

J'ai perdu mes lunettes
Perdí mis espejuelos (gafas)
[perdí mis espehwélos | gáfas]

J'ai perdu mes lentilles cornéennes
Perdí mis lentes de contacto
[perdí mis léntes de kontákto]

Voici mon ordonnance
Esta es mi receta
[ésta es mi reséta]

Je dois passer un nouvel examen de la vue
Debo hacerme un nuevo examen de la vista
[débo asérme oun nwébo eksámen de la bísta]

pharmacie (voir p 68)	*farmacia*	[farmásya]
poissonnerie	*pescadería*	[peskadería]
produits de beauté	*productos de belleza*	[prodoúktos de beyésa]
quincaillerie	*quincallería, ferretería*	[kinkayería | feretería]
supermarché	*supermercado*	[soupermerkádo]

148

Pouvez-vous me faire un meilleur prix?

¿Puede hacerme un mejor precio?

[pwéde asérme oun mehór présyo]

Est-ce que vous acceptez les cartes de crédit?

¿Acepta tarjetas de crédito?

[asépta tarhétas de krédito]

Vêtements – *Ropa*

vêtements pour enfants	*ropa para niños*	[rópa pára nígnos]
vêtements pour dames	*ropa para mujeres*	[rópa pára mouhéres]
vêtements pour hommes	*ropa para hombres*	[rópa pára ómbres]
vêtements sport	*ropa deportiva*	[rópa deportíba]
anorak	*impermeable, chubasquero*	[impermeáble | tchoubaskéro]
bas (chaussettes)	*medias*	[médyas]
bottes	*botas*	[bótas]
caleçon	*calzoncillo, calzones*	[kalsonsíyos | kalsónes]
casquette	*gorra*	[góra]
ceinture	*cinto*	[sínto]
chapeau	*sombrero*	[sombréro]

chandail	*suéter, jersey*	[swéter | yérsi]
chemise	*camisa*	[kamísa]
complet	*traje*	[tráhe]
coupe-vent	*impermeable*	[impermeáble]
cravate	*corbata*	[korbáta]
culotte	*blúmer, panti, calzones*	[blúmer | pánti | kalzónes]
jean	*jeans, vaqueros, tejanos, pitusa (Cuba)*	[yín | bakéros | tehános | pitoúsa]
jupe	*saya, falda, pollera (Panamá)*	[sáya | fálda | poyera]
maillot de bain	*traje de baño, bañador, trusa (Cuba)*	[tráhe de bágno | bañadór | trúsa]
manteau	*abrigo*	[abrígo]
pantalon	*pantalón*	[pantalón]
peignoir	*bata de casa, de cuarto, de levantar*	[báta de kása | de lebantár]
pull	*jersey, pulóver*	[yérsi | poulóber]
robe	*vestido*	[bestído]
short	*pantalones cortos*	[pantalónes kortos]
souliers	*zapatos*	[sapátos]
sous-vêtement	*ropa interior*	[rópa interyór]
soutien-gorge	*ajustador, sosten*	[ahoustadór | sostén]
tailleur	*traje, combinación*	[tráhe | kombinasyón]

t-shirt	*camiseta,*	[kamiséta |
	pulover	poulóver]
veste	*chaqueta*	[tchakéta]
veston	*chaquetón*	[tchaketón]

C'est en quoi? (voir Tissus p 153)
¿De qué es?
[de ke:s]

Est-ce que je peux essayer une taille plus grande?
¿Puedo probarme una talla más grande?
[pwédo probárme oúna táya más gránde]

Est-ce que je peux essayer une taille plus petite?
¿Puedo probarme una talla más pequeña?
[pwédo probárme oúna táya más pekégna]

Est-ce que vous faites les rebords? la retouche?
¿Hace los bordes? ¿los retoques?
[áse los bórdes \| los retókes]

Est-ce qu'il faut payer pour la retouche?
¿Hay que pagar por los retoques?
[ái ke págar por los retókes]

Quand est-ce que ce sera prêt?
¿Para cuándo estará listo?
[pára kwándo estára lísto]

En avez-vous des plus...
¿Tiene más...
[tyéne más]

grands?	*grandes?*	[grándes]
petits?	*pequeños?*	[pekégnos]
larges?	*anchos?*	[ántchos]
légers?	*ligeros?*	[lihéros]
foncés?	*oscuros?*	[oskoúros]
clairs?	*claros?*	[kláros]
économiques?	*económicos?*	[ekonómikos]
amples?	*amplios?*	[ámplyos]
serrés?	*estrechos?*	[estrétchos]
simples?	*simples?*	[símples]
souples?	*suaves?*	[swábes]

C'est fait de quelle matière?
¿De qué material está hecho?
[de ke materyál está étcho]

Tissus – *Telas*

acrylique	*acrílico*	[akríliko]
coton	*algodón*	[algodón]
laine	*lana*	[lána]
lin	*lino, hilo*	[líno	ílo]
polyester	*poliester*	[polyéster]
rayonne	*rayón (seda artificial)*	[rayón (séda artifisyál)]
soie	*seda*	[séda]

Est-ce que c'est 100% coton?
¿Es algodón 100%?
[es algodón sien por siento]

Est-ce que je peux l'essayer?
¿me lo puedo probar?
[me lo pwédo probár]

VIE PROFESSIONNELLE – *VIDA PROFESIONAL*

| Je vous présente... | *Le presento a...* | [le presénto a...] |
| Enchanté | *Encantado/a* | [enkantádo | a] |

J'aimerais avoir un rendez-vous avec le directeur
Me gustaría tener una cita con el director
[me goustaría tenér oúna síta kón el direktór]

Puis-je avoir le nom du directeur?
¿Puede darme el nombre del director?
[pwéde dárme el nómbre del direktór]

Puis-je avoir le nom de la personne responsable...?
¿Puede darme el nombre de la persona responsable...?
[pwéde dárme el nómbre de la persóna responsáble]

du marketing	*del marketing*	[del márketin]
des importations	*de las importaciones*	[de las importasyónes]
des exportations	*de las exportaciones*	[de las eksportasyónes]
des ventes	*de las ventas*	[de las béntas]
des achats	*de las compras*	[de las kómpras]
du personnel	*del personal*	[del personál]
de la comptabilité	*de la contabilidad*	[de la kontabilidá]

C'est urgent
Es urgente
[es ourhénte]

154

Je suis..., de la société...
Soy..., de la sociedad...
[sói... de la sosyedá...]

Elle n'est pas ici en ce moment
Ella no está aquí en este momento
[éya no está akí en éste moménto]

Elle est sortie
Ella salió
[éya salyó]

Quand sera-t-elle de retour?
¿Cuándo estará de regreso?
[kwándo estará de regreso]

Pouvez-vous lui demander de me rappeler?
¿Puede decirle que me llame?
[pwéde desírle ke me yáme]

Je suis de passage à México pour trois jours
Estoy de pasada en México por tres días
[estói de pasada en méhiko por trés días]

Je suis à l'hôtel El Cano. Vous pouvez me joindre au...,
chambre...

*Estoy en el hotel El Cano. Puede encontrarme en...,
habitación...*

[estói en el otél el káno Pwéde enkontrárme en... |
abitasyón...]

J'aimerais vous rencontrer brièvement
pour vous présenter notre produit

*Me gustaría encontrarme un momento con usted
para presentarle nuestro producto*

[me goustaría enkontrárme oun momento kon ousté
pára presentárle nwéstro prodoúkto]

J'aimerais vous rencontrer brièvement pour discuter
d'un projet

*Me gustaría encontrarle un momento para discutir sobre
un proyecto*

[me goustaría enkontrárle oun momento pára diskoutír
sóbre oun proyékto]

Nous cherchons un distributeur pour...

Buscamos un distribuidor para...

[bouskámos oun distribwidór para...]

Nous aimerions importer votre produit, le...

Nos gustaría importar su producto, el...

[nos goustaría importár sou prodoúkto el...]

Les professions – *Las profesiones*

administrateur/ administratrice	*administrador/a*	[administradór /a]
agent de voyages	*agente de viajes*	[ahénte de byáhes]
agent de bord	*tripulante*	[tripoulánte]
architecte	*arquitecto*	[arkitékto]
artiste	*artista*	[artísta]
athlète	*atleta*	[atléta]
avocat(e)	*abogado/a*	[abogádo]
biologiste	*biólogo/a*	[byólogo]
chômeur	*estoy sin trabajo, parado/a*	[estói sin trabáho | parádo]
coiffeur(se)	*peluquero/a*	[peloukéro]
comptable	*contador/a*	[kontadór]
cuisinier(ère)	*cocinero/a*	[kosinéro]
dentiste	*dentista*	[dentísta]
désigner	*diseñador*	[diseñadór]
diététicien(ne)	*dietético*	[dyetétiko]
directeur(trice)	*director/a*	[direktór]
écrivain	*escritor/a*	[eskritór]
éditeur	*editor/a*	[editór]
étudiant(e)	*estudiante*	[estoudyánte]
fonctionnaire	*funcionario*	[founsyonáryo]
graphiste	*grafista*	[grafísta]

guide	*guía*	[gía
accompagnateur/ accompagnatrice	*acompañante*	akompañánte]
infirmier(ère)	*enfermero/a*	[enferméro]
informaticien(ne)	*informático/a*	[informátiko]
ingénieur(e)	*ingeniero*	[inhenyéro]
journaliste	*periodista*	[peryodísta]
libraire	*librero/a*	[libréro]
mécanicien(ne)	*mecánico/a*	[mekániko]
médecin	*médico/a*	[médiko]
militaire	*militar*	[militár]
musicien(ne)	*músico*	[moúsiko]
ouvrier(ère)	*obrero/a*	[obréro]
photographe	*fotógrafo/a*	[fotógrafo]
pilote	*piloto*	[pilóto]
professeur(e)	*profesor/a*	[profesór]
psychologue	*psicólogo/a*	[sikólogo]
secrétaire	*secretario/a*	[sekretáryo]
serveur(euse)	*camarero/a*	[kamaréro]
technicien(ne)	*técnico/a*	[tékniko]
urbaniste	*urbanista*	[ourbanísta]
vendeur(euse)	*vendedor/a*	[bendedór]

Le domaine... –
El campo de la...

de l'édition	*de la edición*	[de la edisyon]
de la construction	*de la construcción*	[de la konstrouksyón]
du design	*del diseño*	[del diséño]
de la restauration	*de la restauración*	[de la restaourasyón]
du voyage	*de los viajes*	[de los byáhes]
de la santé	*de la salud*	[de la saloú]
du sport	*del deporte*	[del depórte]
de l'éducation	*de la educación*	[edoukasyón]
manufacturier	*de la manufactura*	[de la manoufaktúra]
public	*del público*	[del poúbliko]
des télé-communications	*de las telecomunicaciones*	[de las telekomounikasyónes]
de l'électricité	*de la electricidad*	[de la elektrisidá]
du spectacle	*del espectáculo*	[del espektákoulo]
des médias	*de las comunicaciónes*	[komounikasyónes]
de la musique	*de la música*	[de la moúsika]

Études – *Estudios*

administration	*administración*	[administrasyón]
architecture	*arquitectura*	[arkitektoúra]
art	*arte*	[árte]
biologie	*biología*	[byología]
comptabilité	*contabilidad*	[kontabilidá]
diététique	*dietética*	[dietétika]
droit	*derecho*	[derétcho]
environnement	*medio ambiente*	[médio ambiénte]
géographie	*geografía*	[heografía]
graphisme	*grafismo*	[grafísmo]
histoire	*historia*	[istória]
informatique	*informática*	[informátika]
ingénierie	*ingeniería*	[inhenyería]
journalisme	*periodismo*	[peryiodísmo]
langues	*lenguas*	[léngwas]
littérature	*literatura*	[literatoúra]
médecine	*medicina*	[medisína]
nursing	*enfermería*	[enferméría]
psychologie	*psicología*	[sikolohía]
sciences politiques	*ciencias políticas*	[syénsyas polítikas]
tourisme	*turismo*	[tourísmo]

Tu es étudiant?
¿Eres estudiante?
[éres estoudyánte]

Tu étudies quoi?
¿Qué estudias?
[ke estoúdyas]

FAMILLE – *FAMILIA*

frère	*hermano*	[ermáno]
sœur	*hermana*	[ermána]
mes frères et sœurs	*mis hermanos*	[mis ermános]
mère	*madre*	[mádre]
père	*padre*	[pádre]
fils	*hijo*	[ího]
fille	*hija*	[íha]
grand-mère	*abuela*	[abwéla]
grand-père	*abuelo*	[abwélo]
neveu	*sobrino*	[sobríno]
nièce	*sobrina*	[sobrína]
cousin	*primo*	[prímo]
cousine	*prima*	[príma]

| beau-frère | *cuñado* | [kouñádo] |
| belle-sœur | *cuñada* | [kouñáda] |

SENSATIONS ET ÉMOTIONS – *SENSACIONES Y EMOCIONES*

J'ai faim	*Tengo hambre*	[téngo ámbre]
Nous avons faim	*Tenemos hambre*	[tenémos ámbre]
Il a faim	*Él tiene hambre*	[él tyéne ámbre]
Elle a faim	*Ella tiene hambre*	[éya tyéne ámbre]
J'ai soif	*Tengo sed*	[téngo se]
Je suis fatigué (e)	*Estoy cansado/a*	[estói̯ kansádo]
J'ai froid	*Tengo frío*	[téngo frío]
J'ai chaud	*Tengo calor*	[téngo kalór]
Je suis malade	*Estoy enfermo/a*	[estói̯ enférmo]
Je suis content (e)	*Estoy contento/a*	[estói̯ konténto ǀa]
Je suis heureux/ heureuse	*Soy feliz*	[sói̯ felís]
Je suis satisfait (e)	*Estoy satisfecho/a*	[estói satisfétcho]
Je suis désolé (e)	*Lo siento*	[lo syénto]
Je suis déçu (e)	*Estoy defraudado/a*	[estói̯ defraoudádo/a]
Je m'ennuie	*Me aburro*	[me aboúr̠o]
J'en ai assez	*Es suficiente*	[es soufisyénte]
Je suis impatient (e) de...	*Estoy impaciente de...*	[estói̯:mpasyénte de]
Je m'impatiente	*Me impaciento*	[me impasyénto]

| Je suis curieux /curieuse de... | Tengo curiosidad de... | [tengo kouryósidéade de] |
| Je suis égaré (e) | Estoy perdido/a | [estói perdído\|a] |

FÊTES ET FESTIVALS –
FIESTAS Y FESTIVALES

le jour de Noël	el día de Navidad	[día de navidá]
le jour de l'An	Año Nuevo	[ágno nwébo]
le jour des Rois	día de Reyes	[día de réyes]
le Mardi gras	Martes de carnaval	[martes de karnabál]
le mercredi des Cendres	miércoles de ceniza	[myérkoles de senísa]
le Vendredi saint	viernes santo	[vyérnes sánto]
la Semaine sainte	semana santa	[semána sánta]
le jour de Pâques	el día de Pascua	[el día de páskwa]
la fête des Travailleurs	el día de los trabajadores	[el día de los trabahadóres]
la fête des Mères	el día de las Madres	[el día de las mádres]
la fête des Pères	el día de los Padres	[el día de los pádres]
la Fête nationale	la fiesta nacional	[la fyésta nasyonál]
la fête du Travail	la fiesta del Trabajo	[la fyésta del trabáho]
la Saint-Jean-Baptiste	el día de San Juan Bautista	[el día de san hwán baoutísta]

l'Action de grâce	la Acción de gracia	[la:ksyón de grásya]
le jour de la Race	el Día de la raza	[el día de la rása]
día de Navidad	le jour de Noël	[día de navidá]
Año Nuevo	le jour de l'An	[ágno nwébo]
día de Reyes	le jour des Rois	[día de réyes]
carnavales	le Mardi gras	[karnabáles]
miércoles de ceniza	le mercredi des Cendres	[myérkoles de senísa]
viernes santo	le Vendredi saint	[vyérnes sánto]
semana santa	la Semaine sainte	[semána sánta]
el día de Pascua	le jour de Pâques	[el día de páskwa]
el día de los trabajadoresel	la fête des Travailleurs	[el día de los trabahadóres]
el día de las Madres	la fête des Mères	[el día de las mádres]
el día de los Padres	la fête des Pères	[el día de los pádres]
la fiesta nacional	la Fête nationale	[la fyésta nasyonál]
la fiesta del Trabajo	la fête du Travail	[la fyésta del trabáho]
el día de San Juan Bautista	la Saint-Jean-Baptiste	[el día de san hwán baoutísta]
la Acción de gracia	l'Action de grâce	[la:ksyón de grásya]
el Día de la raza	le jour de la Race	[el día de la rása]

164

INDEX DES MOTS ESPAGNOLS

La lettre P, suivie des lettres A, B, C, D, E ou F, renvoie à la planche correspondante.

166

INDEX DES
MOTS ESPAGNOLS

167

INDEX DES
MOTS ESPAGNOLS

173

INDEX DES
MOTS ESPAGNOLS

INDEX DES MOTS FRANÇAIS

INDEX DES MOTS FRANÇAIS

183

INDEX DES
MOTS FRANÇAIS

INDEX DES
MOTS FRANÇAIS

189

BON DE COMMANDE

■ **GUIDE DE VOYAGE ULYSSE**

☐ Abitibi-Témiscamingue et Grand Nord	22,95 $
☐ Acapulco	14,95 $
☐ Arizona et Grand Canyon	24,95 $
☐ Bahamas	24,95 $
☐ Boston	17,95 $
☐ Calgary	16,95 $
☐ Californie	29,95 $
☐ Canada	29,95 $
☐ Charlevoix Saguenay – Lac-Saint-Jean	22,95 $
☐ Chicago	19,95 $
☐ Chili	27,95 $
☐ Costa Rica	27,95 $
☐ Côte-Nord – Duplessis – Manicouagan	22,95 $
☐ Cuba	24,95 $
☐ Disney World	19,95 $
☐ El Salvador	22,95 $
☐ Équateur – Îles Galápagos	24,95 $
☐ Floride	29,95 $
☐ Gaspésie – Bas-Saint-Laurent – Îles-de-la-Madeleine	22,95 $
☐ Gîtes du Passant au Québec	12,95 $
☐ Guadeloupe	24,95 $
☐ Guatemala – Belize	24,95 $
☐ Honduras	24,95 $
☐ Jamaïque	24,95 $
☐ La Nouvelle-Orléans	17,95 $
☐ Lisbonne	18,95 $
☐ Louisiane	29,95 $
☐ Martinique	24,95 $
☐ Montréal	19,95 $
☐ New York	19,95 $
☐ Nicaragua	24,95 $
☐ Nouvelle-Angleterre	29,95 $
☐ Ontario	24,95 $
☐ Ottawa	16,95 $
☐ Ouest canadien	29,95 $
☐ Panamá	24,95 $
☐ Plages du Maine	12,95 $
☐ Portugal	24,95 $
☐ Provence – Côte-d'Azur	29,95 $
☐ Provinces Atlantiques du Canada	24,95 $
☐ Le Québec	29,95 $
☐ Québec Gourmand	16,95 $
☐ Le Québec et l'Ontario de VIA	9,95 $
☐ République dominicaine	24,95 $
☐ San Francisco	17,95 $
☐ Toronto	18,95 $
☐ Vancouver	17,95 $
☐ Venezuela	29,95 $
☐ Ville de Québec	19,95 $
☐ Washington D.C.	18,95 $

■ **ULYSSE PLEIN SUD**

☐ Acapulco	14,95 $
☐ Cancún – Cozumel	17,95 $
☐ Cape Cod – Nantucket	17,95 $
☐ Carthagène (Colombie)	12,95 $
☐ Puerto Vallarta	14,95 $
☐ Saint-Martin – Saint-Barthélemy	16,95 $

■ ESPACES VERTS ULYSSE

☐ Cyclotourisme
en France   22,95 $
☐ Motoneige
au Québec   19,95 $
☐ Randonnée pédestre
Montréal et environs 19,95 $
☐ Randonnée pédestre
Nord-est des
États-Unis   19,95 $
☐ Randonnée pédestre
au Québec   19,95 $
☐ Ski de fond
au Québec   19,95 $

■ •zone petit budget

☐ .zone Amérique
centrale   14,95 $
☐ .zone le Québec   14,95 $

■ JOURNAUX DE VOYAGE ULYSSE

☐ Journal de voyage Ulysse
(spirale) bleu – vert –
rouge ou jaune   11,95 $
☐ Journal de voyage Ulysse
(format de poche)
bleu – vert – rouge –
jaune ou sextant   9,95 $

■ GUIDE DE CONVERSATION

☐ Anglais pour mieux
voyager en Amérique 9,95 $
☐ Espagnol pour mieux
voyager en Amérique
latine   9,95 $

QUANTITÉ			PRIX	TOTAL

NOM	Total partiel	
ADRESSE:_____	Poste-Canada*	4,00 $
_____	Total partiel	
_____	T.P.S. 7%	
_____	TOTAL	

Paiement : ☐ Comptant ☐ Visa ☐ MasterCard

Numéro de carte : _____

Signature : _____

ULYSSE L'ÉDITEUR DU VOYAGE
4176, rue Saint-Denis, Montréal (Québec)
☎ (514) 843-9447, fax (514) 843-9448
Pour l'Europe, s'adresser aux distributeurs, voir liste p 2.
* Pour l'étranger, compter 15 $ de frais d'envoi.